KB253000

정약용의 『목민심서』 읽기

세창명저산책_014

정약용의 『목민심서』 읽기

초판 3쇄 발행 2017년 9월 1일
초판 4쇄 발행 2020년 6월 25일
-
지은이 김봉남
펴낸이 이방원
기획위원 원당희
편 집 김명희·안효희·윤원진·정우경·송원빈·최선희
디자인 손경화·박혜옥·양혜진
영 업 최성수　　**기획·마케팅** 정조연
-
펴낸곳 세창미디어
출판신고 2013년 1월 4일 제312-2013-000002호
주소 03735 서울시 서대문구 경기대로 88 냉천빌딩 4층
전화 02-723-8660　　팩스 02-720-4579
이메일 edit@sechangpub.co.kr　　홈페이지 http://www.sechangpub.co.kr/
-
ISBN 978-89-5586-187-7 03150

이 도서의 국립중앙도서관 출판시도서목록(CIP)은 서지정보유통지원시스템 홈페이지(http://seoji.nl.go.kr)와 국가자료공동목록시스템(http://www.nl.go.kr/kolisnet)에서 이용하실 수 있습니다. CIP제어번호: CIP2013017256

정약용의 『목민심서』 읽기

김봉남 지음

세창미디어
MEDIA

머리말

　다산 정약용1762-1836은 아홉 명의 자녀를 낳았지만, 그중 여섯 명은 천연두에 걸려 요절하고 말았다. 천연두는 두창痘瘡, 마진麻疹, 마마라고 불렀는데. 당시에는 이 병에 한번 걸리면 절반 이상이 죽었기 때문에 공포 그 자체였다. 다산은 각고의 노력으로 마진을 연구하여 초고를 5번이나 고친 끝에 『마과회통麻科會通』을 완성하였다. 그리고 그 책 서문에 다음과 같이 적었다.

　"내가 글을 읽고 도道를 배우는 것은 천하 사람들의 목숨을 살리기 위함이다."

　이 말은 본래 중국 송나라 때의 명재상인 범중엄范仲淹의 말인데, 다산이 범중엄의 말을 인용한 것은 자신의 생각이 그와 같았기 때문이다. 다산은 『마과회통』을 지어 수많은 사람들의 목숨을 살렸다.

　다산이 『목민심서牧民心書』를 지은 뜻도 이와 같다. 『목민심서』가 완성된 조선 후기 1818년순조 18년, 다산 57세 당시의 백성들의 삶은 매우 비참하였다. 조정 관료들의 실정失政과 지방 관리(지방관과 아전)들의 부정과 농간, 삼정三政(군정軍政·전정田政·환곡還穀)의 극심한 문란은 백성들을 죽음의 구렁텅이로 밀어 넣고 있었다. 그러나 당시 강진에 유배되어 있었던 다산은 폐단을 개혁할 힘이 전혀 없었다. 그는 자신이 할 수 있는 일을 찾았다. 그리고 위정자들과 관리들을 깨우쳐서, 지방행정을 쇄신하는 것이 백성들을 살리는 길이라고 믿었다. 이에 중국과 우리나라의 고금의 역사서와 문집에서 치민治民의 방책과 해민害民의 기록들을 찾아내었다. 거기에 자신의 견해를 더하여 48권 16책이나 되는 방대한 양의 『목민심서』를 편찬하였다.

　다산은 『목민심서』에 지방 관리가 부임하고부터 해임되기까지의 전 기간을 통해 반드시 지켜야 하는 내용들을 상세히 갖추어 두었다. 그 내용은 부임赴任·율기律己·봉공奉公·애민愛民·이전吏典·호전戶典·예전禮典·병전兵典·형전刑典·공전工典 · 진황賑荒 · 해관解官의 12편으로 되어 있는데, 각 편을 또 여섯 개의 항목으로 나누니 총 72장이나 되었다. 각 편의 서두에는 수령으로서 지켜야 할 원칙과 규범들을 제시하였고, 그다음에는 규범들에 대한 상세하고 구체적인 설명과 그것들의 역사적 연원에 대해 분석했으며, 그 아래에 고금을 통해 참고할 만한 행적을 무수히 인용하여 근거로 삼고, 자신의 견해를 더해 논평하기도 하였다.

하늘도 다산의 정성에 감동하였을까, 1818년 음력 3월 16일에 『목민심서』가 완성된 뒤 5개월 후에 다산은 기나긴 유배에서 풀려났다. 1801년 봄에 경상도 장기에 유배되었다가 겨울에 강진으로 유배지를 옮긴 지 18년 만이었다. 그러나 임금과 권신들은 다산을 끝내 등용하지 않았다. 결국 다산은 고향에서 18년을 더 살고 1836년에 75세의 나이로 파란만장한 삶을 마감하였다.

다산이 백성들을 위하는 마음을 가지게 된 것은 부친 정재원丁載遠, 1730-1792 덕분이었다. 다산은 아버지를 따라 6살 때 연천(부친이 연천현감), 16살 때 화순(부친이 화순현감), 19살 때 예천(부친이 예천군수), 28살 때는 울산(부친이 울산도호부사),

29살 때는 진주(부친이 진주목사)에 가서 백성들의 고달픈 삶을 보았고, 부친에게 목민의 방략을 배웠다. 그리고 경기도 암행어사1794년 시절에는 적성·연천·삭녕 등지의 민생을 몰래 감찰하는 중에 민중의 처참한 생활을 목격하고 충격을 받았다. 다산은 이후에 금정찰방金井察訪, 1795년과 곡산부사谷山府使, 1797년를 지내며 목민의 방략을 시행해 보았는데, 특히 곡산부사 재임 시에는 훌륭한 목민관으로 평가받았다. 그러나 다산이 백성들의 삶을 속속들이 알게 된 것은 장기와 강진에 유배된 뒤부터이다. 그러고 보면 『목민심서』가 탄생하는 데 있어, 다산의 정적政敵들이 큰 몫을 담당한 셈이다.

최근에 발굴된, 다산이 이 아무개(약암約菴 이재의李在毅, 1772-1839로 추정됨)에게 보낸 친필편지에, 『목민심서』가 완성된 직후에 『목민심서』에 대한 사람들의 구설구가 매우 많아서 다산은 『목민심서』의 내용이 세상에 알려지기를 매우 꺼려하였던 내용이 들어 있다. 이를 통해 다산이 살아 있을 때 『목민심서』가 세상에 잘 알려지지 않은 이유를 짐작할 수 있다. 그러나 다산이 세상을 떠난 후, 철종哲宗 말엽에 삼정의 극심한 문란으로 수많은 백성들이 죽고 전국 각지에서 민란이 일어나기에 이르자, 당대의 석학 노사蘆莎 기정진奇正鎭, 1798-1879은 임금에게 나라를 건질 방책이 다산의 『목민심서』에 들어 있다고 진언하였다. 그리고 마침내 고종高宗은 1901년에 『목민심서』를 간행하도록 명하였다. 또한 매천梅泉 황현黃玹, 1855-1910의 『매천야록梅泉野錄』에 의하면 19세기 말에서 20세기 초의 각 고을 수령들이, 다산의 『목민심서』를 고을을 다스릴 때 반드시 필요한 책으로 여겨 서로 필사하여 중요한 참고서로 삼았다고 한다.

이처럼 『목민심서』는 일찍부터 조선 후기 사회와 경제, 정치와 행정의 실상을 파악할 수 있는 중요한 자료로 간주되어 사람들의 깊은 관심과 사랑을 받았다. 그 결과 1901년에 고종高宗의 명에 의해 광문사에서 『목민심서』를 인간印刊하였고, 1969년에 민족문화추진회에서, 1977년에 대양서적에서, 1981년에 다산연구회에서 각각 『목민심서』의 국역본을 간행하였다. 이후에 『목민심서』에 관한 수많은 책들이 우후죽순처럼 세상에 선을 보였고, 그 덕분에 오늘날 『목민심서』에 대한 국민들의 관심과 사랑은 매우 높아졌다.

지금 필자가 세상에 내놓는 이 책도 『목민심서』에 관한 수많은 책 중의 하나에 불과하다. 게다가 『목민심서』를 소개하는 책으로 기획된 것이라 기존의 책들과 별로 다를 것 없어 보일지도 모른다. 그러나 이 책을 한 장 한 장 정독해 나가다 보면 마침내 다산 정약용 선생을 만나게 될 것이다. 부정부패不正腐敗한 세력을 척결하여 나라를 바로잡고 백성들을 구제하기를 염원했던 다산 선생의 뜨거운 눈물과 간절한 마음을, 냉철한 이성과 준절한 정신을 만나게 될 것이다. 그리고 다산 선생이 우리에게 전하는 메시지가 무엇인지 알게 될 것이다.

다산의 거룩한 마음과 정신이 널리 퍼져 사람들의 가슴속에 깊이 자리 잡을 때, 우리나라는 정의가 물결치고 인정이 샘솟는 진정 아름다운 나라가 될 수 있을 것이다. 다산의 마음과 정신을 가진 이 땅의 모든 분께 이 책을 바친다.

필자는 대학교 1학년 때 다산의 「기민시飢民詩」와 「전간기사田間記事」를 배우며 울분과 감동을 느낀 이후, 평생 다산 선생을 공부하기로 결심하였다. 그리고 23년이 지난 지금 처음으로 이 책을 내게 되었으니 어찌 감격스럽지 않겠는가?

이 자리를 빌려 다산 선생의 마음과 정신을 가르쳐주신 김혈조金血祚 선생님께 감사드린다. 아울러 대학에 들어온 뒤로 지금까지 학문과 인생의 등대가 되어 필자의 몽매함을 밝혀주신 영남대학교 한문교육과와 고려대학교 한문학과의 여러 은사님들께 감사드린다. 그리고 자애로우신 어머니와 돌아가신 아버지, 늘 든든한 형님과 누나들, 인자하신 장인 장모님, 이제 16개월을 맞이한 귀여운 딸과 삶의 동반자인 아내에게 감사드린다.

2013년 8월 25일
영남대학교 사범대학 수졸당守拙堂에서
김봉남

목민심서牧民心書 자서自序

옛날에 중국의 순舜 임금이 요堯 임금을 이어 천하를 다스릴 때 12명의 목牧에게 물어, 그들로 하여금 백성을 다스리게 하였고, 주周 나라 문왕文王이 정사를 세울 때 사목司牧(지방 장관)을 세워 수령으로 삼았으며, 맹자孟子는 평륙(제나라의 마을)에 가서 가축 기르는 것으로 백성을 기르는 것에 비유하였으니, 백성을 길러주는 것을 '목牧'이라 하는 것은 성현聖賢이 남긴 뜻이다.

성현의 가르침에는 원래 두 가지 길이 있다. 하나는 사도司徒가 백성들을 가르쳐 각자 수신修身하도록 하는 것이고, 다른 하나는 태학太學에서 국자國子(왕족이나 공경대부의 자제)를 가르쳐 각자 자신을 수양해서 백성을 다스리도록 하는 것인데, 백성을 다스리는 것이 바로 목민牧民이다. 그렇다면 군자의 학문은 수신이 반이고, 나머지 반은 백성을 부양하는 것이다.

성인이 존재했던 시대가 멀어지니 그 말씀도 사라져서, 성인의 도道는 점차 어두워지고 말았다. 오늘날 사목司牧(지방 장관)이라는 자들은 오직 이익을 취하는 것에 급급하고 백성을 부양하는 방법에 대해서는 알지 못한다. 이 때문에 백성들은 지치고 고달프게 되어 병이 들어 서로 쓰러져 연이어 구학溝壑(땅이 움푹하게 팬 곳. 구렁)을 메우는데, 목민관이라는 자들은 한창 좋은 옷과 맛있는 음식으로 자기만 살찌우고 있으니, 어찌 슬프지 않겠는가.

나의 선친(정재원)께서는 성조聖朝(여기서는 영조와 정조를 가리킴)의 인정을 받아, 연천현감連川縣監, 1767년, 영조 43, 다산 6세 · 화순현감和順縣監, 1777년, 정조 1, 다산 16세 · 예천군수醴泉郡守, 1780년, 정조 4, 다산 19세 · 울산도호부사蔚山都護府使, 1789년, 정조 13, 다산 28세 · 진주목사晉州牧使, 1790년, 정조14, 다산29세를 지냈는데, 모두 치적治績이 있었다. 비록 나의 불초不肖함으로도 부친을 따라다니며 배워서 조금 들은 것이 있었고, 따라다니며 보면서 조금 깨달은 것이 있었으며, 아버지 곁을 떠나 수령이 되어 이를 시험하여 조금 효능을 본 것도 있었다. 그러나 이미 유락流落(망하여 여기저기 떠돌아다님)한 신세가 되고 나니 이것을 쓸 곳이 없었다.

먼 변방에서 귀양살이한 지 18년 동안 사서四書와 오경五經을 잡고 연구를 반복하여 수기修己의 학문을 검토하였으나, 오래지 않아 수기의 학문은 학문의 반에 불과하다고 여겨, 이에 중국 역사서인 23사史(『사기史記』부터 『명사明史』까지의 23종의 중국역사서)와 우리나라의 여러 역사서와 자집子集(子는 사상적인 저술, 集은 문집) 등 여러 서적을 가져다가 옛날 사목이 백성을 길러준 행적을 뽑아, 위아래로 실마리를 찾아 종류별로 나누고 모아, 순서대로 편찬하였다. 그리고 남쪽 변두리 지역의 전답의 조세租稅가 나오는 곳(다산이 유배된 강진 일대를 가리킴)은, 아전들은 간악하고 서리들은 교활하여 여러 가지 폐단이 어지럽게 일어나고 있었는데, 나의 처지가 이미 비천하므로 들은 것이 매우 상세하였다. 이것 또한 종류별로 분류하여 거칠게 기록하고 나의 얕은 견해를 덧붙였다.

모두 12편인데, 1편은 부임赴任, 2편은 율기律己, 3편은 봉공

奉公, 4편은 애민愛民이요, 그다음은 차례대로 육전六典(육조六曹의 집무규정. 즉 이전吏典·호전戶典·예전禮典·병전兵典·형전刑典·공전工典)이 있고, 11편은 진황賑荒, 12편은 해관解官이다.

12편이 각각 6개 조를 가지고 있으니 모두 72개 조이다. 혹 몇 조를 합하여 한 권을 만들기도 하고, 혹은 한 조를 나누어 몇 권을 만들기도 하여, 모두 48권으로 하나의 저서가 되었다. 비록 시대에 따르고 풍습에 순응하여 위로 선왕先王의 헌장憲章에 부합될 수는 없겠지만, 백성을 기르는 일에 대해서 조례條例가 갖추어지게 되었다.

고려 말기에 처음으로 오사五事(수령이 힘써야 할 다섯 가지 일. 즉 전야를 넓히고[田野闢], 호구를 늘리고[戶口增], 부역을 고르게 하고[賦役均], 송사를 간편하게 하고[詞訟簡], 도적이 일어나지 않게 하는 것[盜賊息])로 수령들을 고과考課하였고, 조선에서도 그대로 시행하다가 뒤에 칠사七事(농상을 진흥시키고[農桑興], 호구를 늘리고[戶口增], 학교를 일으키고[學校興], 군정을 잘 닦고[軍政修], 부역을 고르게 하고[賦役均], 송사를 간편하게 하고[詞訟簡], 간사하고 교활한 자를 없애는 것[奸猾息])로 늘렸는데, 이른바 수령이 해야 할 일의 대체적인 취지만 독려했을 뿐이다. 그러나 수령이라는 직책은 관장하지 않는 일이 없으니 여러 조목을 순서를 세워 열거하여도 오히려 직책을 다하지 못할까 두려운데, 하물며 스스로 생각하여 스스로 시행하기를 기대할 수 있겠는가. 이 책은 첫머리의 부임과 맨 끝의 해관 2편을 제외한 나머지 10편에 들어 있는 것만도 60조나 되니, 진실로 어진 수령이 제 직분을 다할 것을 생각한다면, 거의 방향을 잃지 않을 것이다.

옛날 부염傅琰은 『이현보理縣譜』를 지었고, 유이劉彝는 『법범法範』을 지었으며, 왕소王素에게는 『독단獨斷』이 있었고, 장영張詠에게는 『계민집戒民集』이 있었으며, 진덕수眞德秀는 『정경政經』을 지었고, 호태초胡太初는 『서언緖言』을 지었으며, 정한봉鄭漢奉은 『환택편宦澤篇』을 지었으니, 모두 이른바 목민에 관한 책이다. 오늘날 그 책들은 대부분 전해지지 않고 오직 음란한 말과 기괴한 구절만이 한 시대를 패행霸行하니, 내 책인들 어찌 전해질 수 있겠는가. 그러나 『주역周易』 대축괘大畜卦에 '앞사람의 말씀이나 지난 행적들을 많이 알아서 자신의 덕을 기른다'라고 하였으니, 이는 본디 나의 덕을 기르기 위한 것이지, 어찌 반드시 백성을 기르는 데 그치겠는가?

'심서心書'라 한 것은 무슨 까닭인가. 목민할 마음은 있으나 몸소 실행할 수 없기 때문에 이렇게 이름 붙인 것이다.

당저當宁(그 당시의 임금. 여기서는 순조純祖) 21년 신사辛巳년, 1821년, 다산 60세 늦봄에 열수 정용丁鏞은 기록한다.

제1편
부임 6조赴任六條

1. 제배除拜: 목민관에 임명되었을 때

다른 관직은 구할 수 있으나 목민관은 구해서는 안 된다

제배는 제수除授와 같은 말로, 추천을 받아 임명하는 절차인 천거薦擧를 거치지 않고 왕이 직접 임명하는 것이다. 다산은 『목민심서』의 본론을 "다른 관직은 구할 수 있으나 목민관은 구해서는 안 된다"는 말로 시작하였다. '목민관은 구해서는 안 된다'는 말은, 목민관은 자신이 하고 싶다고 해서 무턱대고 함부로 원해서는 안 된다는 말이다. 이 말에는 목민관의 직책이 매우 중요하다는 것과 목민관의 직무를 제대로 수행하기란 참으로 어렵다는 뜻이 함축되어 있다. 다산은 중앙에서 근무하는 관료들은 자신이 맡은 직무를 신중히 처리하면 거의 후회할 일이 없지만, 목민관은 자신이 맡은 고을의 만백성을 다스리고 보살피므로, 그 범위가 좁을 뿐 국가를 다스리는 임금과 다를 바 없다고 하였다. 그리고 다음과 같이 부연하였다.

지금의 수령은 만백성 위에 홀로 외롭게 있으면서 간사한 백성 3인(좌수, 좌별감, 우별감)으로 좌佐를 삼고 교활한 아전 60-70인으로 보輔를 삼고 거칠고 거센 자 몇 명으로 막빈幕賓을 삼고 성격이 패악한 자 10인으로 종으로 삼는데, 이들은 서로 패거리를 지어 굳게 뭉쳐서 수령 한 사람의 총명을 가려 기만하고 무롱舞弄(문서를 뜯어고치고 붓을 마음대로 놀림)하며 만백성을 괴롭힌다.

목민관을 보좌하는 아전들은 성질이 교활하고 그들이 거느리는 종들은 언행이 거칠고 꼬여 서로 패거리를 만들어 단결하여 목민관을 기만하고 백성들을 괴롭히니 목민관이 자신이 맡은 직분을 수행하기란 참으로 어려운 것이다. 게다가 아전들은 자자손손 세습을 하며 그 자리를 유지하지만, 목민관 즉 수령은 5년의 임기를 치우지 못하고 길어야 2년, 그렇지 않으면 몇 달 만에 교체된다. 다산은 다음과 같이 말하였다.

그러므로 수령의 직분이 어려운 것이 공후公侯보다 100배나 되는데, 수령 자리를 어찌 구할 수 있는 것이겠는가? 수령의 직분은 비록 덕이 있더라도 위엄이 없으면 해낼 수 없고, 비록 뜻이 있더라도 밝지 못하면 해낼 수 없다. 수령이 해내지 못하면 백성들이 그 피해를 당하여 고통으로 괴로워하며 길바닥에 쓰러지게 될 것이고, 사람들은 비난하고 귀신들도 책망하여 그 재앙이 후손들에게 미칠 것이니, 수령 자리를 어찌 구할 수 있는 것이겠는가?

다산이 지적한 바와 같이 목민관의 직분을 제대로 수행하기란 참으로 어려운 일이다. 그러나 목민관이 된 사람들 중에는 편안히 한 세월을 보내기 위해 목민관이 되기를 원한 경우가 허다하였다. 다산은 퇴계退溪 이황李滉이 제자 이강이 李剛而에게 답한 편지를 인용하여 녹봉을 받기 위해서 목민관을 구해서는 안 된다는 것을 강조하였다.

퇴계는 이강이에게 답한 편지에서 "부모를 봉양할 때 맛있는 음식이 없는 것은 자식이 깊이 걱정해야 할 바이지만 지금 사람들은 매양 영양榮養(지위와 명망이 높아져서 부모를 영화롭게 봉양함)을 핑계 삼아 의롭지 못한 녹을 받고 있으니 이는 공동묘지의 제사 음식을 빌려다가 부모님이 좋아하는 맛있는 음식을 충당하는 것과 다를 것이 없다"고 하였다.

퇴계는 부모를 봉양한다는 핑계로 비방의 수령 자리를 차지하고 녹을 받는 것을 공동묘지의 제사 음식을 빌려다가 부모를 봉양하는 것과 같다고 했다. 선현들의 생각이 이처럼 준절하였다. 다만 목민관이 되어 백성을 다스릴 재주가 있다면 자신을 천거해도 무방하다고 하였다.

목민관에 임명되고 난 직후에 재물을 많이 쓰거나 백성의 부세를 거두어서는 안 된다

다산은 "목민관에 제수된 초반에 재물을 넘치게 쓰면 안 된다"고 하였다. 목민관에 임명된 직후에 잔치니 송별연이니 하는 이런저런 일에 재물을 많이 쓰는 경우가 많은데, 평소 재물이 넉넉하다면 괜찮겠지만 무리하게 재물을 쓴다면 앞으로 받을 봉급을 미리 당겨서 쓰는 것과 같다. 이에 대해 다산은 "무릇 쓸 재물이 아닌 것을 쓰는 것은 탐학貪虐할 징조다"라고 하였다. 이런 사람은 수령의 자리에 오른 뒤에 부정한 방법으로 백성들의 재물을 취할 확률이 높다는 것이다. 그리고 "새로 수령을 맞이하는 데 필요한 쇄마刷馬의 비용은, 이미 공적으로 내려주는 것을 받고 또 백성들의 부세를 거둔다면 이는 임금의 은혜를 숨기고 백성의 재물을 약탈하는 것이니 해서는 안 된다"고 하였다. 쇄마는 지방에 공무가 있을 때 타고 가는 말이다. 이처럼 다산은 목민관에 제수된 자에게 백성들의 재물은 털끝만큼도 빼앗거나 취해서는 안 된다는 것을 재차 당부하였다.

2. 치장治裝: 부임할 행장을 꾸릴 때

부임할 때의 행장은 옛것을 그대로 사용하라

치장은 부임할 때의 행장을 차리고 꾸리는 것이다. 목민관은 부임할 때 행장을 어떻게 꾸리는 것이 좋을까? 다산은 "부임 행장을 꾸릴 때에 그 의복이나 안장을 얹은 말은 모두 옛것을 그대로 써야지 새것을 구입해서는 안 된다"고 하였다. 새로 부임하는 지방 수령을 흔히 '신관 사또'라고 한다. 신관 사또의 부임은 많은 사람들의 이목을 끄는 특별한 행사였다. 그래서 남들보다 성대하고 기품 있게 치르고 싶은 욕구가 생기는 것이 인지상정人之常情일 것이다. 하지만 다산은 옛것을 그대로 쓰고 새것을 구입하지 말라고 하였다. 그리고 그 이유에 대해서 다음과 같이 말하였다.

백성을 사랑하는 근본은 절약하는 데 있고, 절약의 근본은 검소함에 있다. 검소한 이후에야 청렴할 수 있고, 청렴한 이후에야 자애로울 수 있으니, 검소는 목민관이 우선적으로 힘써야 하는 것이다.

다산의 논리는 간단명료하다. 한마디로 정리하면 목민관이 검소하지 않으면 백성들에게 자애로울 수 없다는 것이다. 다산이 이처럼 엄격하게 경계하는 것은 이유가 있다. 그것은 화려한 치장 속에 내포된 인간의 잠재된 심리와 밀접한 관계가 있다.

어리석은 자는 배운 것이 없어 무식하여 산뜻한 옷에 좋은 갓을 쓰며 좋은 안장에 날랜 말을 타고서 위풍을 떨치면서 세상에 위세와 서슬을 왕성하게 드러내려고 한다. 그러나 (신관은) 노회한 아전이 신관新官을 엿보며 건저 그의 의복과 안장 얹은 말을 묻되 만약 사치하고 화려하면 씽긋 웃으며 "알겠다"라고 하고, 만약 검박하고 엉성하면 놀라면서 "두렵다"라고 하는 줄은 모르고 있다. 거리의 아이들이 부러워하는 것을 식자識者들은 비천하게 여기니 끝내 무슨 이익이 있겠는가.

다산은 아전의 관점에서 치장을 화려하게 하는 자와 검소하게 하는 자의 차이를 위와 같이 비교하였다. 다산의 말대로라면 목민관의 행장이 성대하고 화려할수록 백성들을 위

하는 마음이 적어, 아전들에게도 두려움의 대상이 되지 못
하고, 목민관의 행장이 검소하고 허술할수록 백성들을 위하
는 마음이 커서, 아전들에게 두려움의 대상이 된다는 것인
데, 과연 그러한가?

치장이 남루하면 교활한 무리들이 숨을 죽인다

이 점에 대해서 다산은 자신이 목격한 두 사람을 근거로
들어 증명하였다. 한 사람은 조선 후기의 명신名臣 유의柳誼,
1734~? 이고 한 사람은 이름이 전하지 않은 어느 무관이다.

참판 유의가 홍주를 다스릴 때 찢어진 갓과 거친 도포에 찌
든 색깔의 띠를 두르고 관단마款段馬(걸음이 느린 조랑말)를 탔
으며 해진 이불은 남루하고 요도 베개도 없었다. 그러나 이
것으로 위엄을 세우니 부들 채찍조차 쓰지 않았는데 간사하
고 교활한 무리들이 모두 숨을 죽였다. 이는 내가 눈으로 본
것이다.

부들 채찍은 부들로 만든 채찍으로 매우 가벼운 형벌을

의미하는 말이다. 한나라의 유관劉寬은 남양태수로 있을 때 아전이나 백성이 허물이 있으면 부들 채찍으로 벌을 주었지만, 아전들과 백성들이 모두 유관을 훌륭한 목민관이라 칭송했다고 한다. 유의는 아예 부들 채찍조차 쓰지 않았는데도 간교한 무리들이 숨을 죽인 이유는 유의의 남루한 행색이 곧 절용하고 검소한 정신을 보여주고 있기 때문이다. 그리고 그러한 정신은 곧 백성을 위하는 것이므로 백성의 등골을 빼먹고 살아가는 간교한 무리들이 긴장하지 않을 수 없는 것이다. 그와 반대로 화려하고 사치스러운 치장을 하고 부임하는 목민관은 반드시 백성들의 재물을 빼앗으리라는 것을 아전들은 알고 있었다.

근자에 한 무인武人이 해남현감이 되었는데, (부임할 때) 비단 주머니의 매듭장식이 길게 드리웠다. 강진의 아전들이 그것을 보고 "그 주머니를 보니 반드시 음탕하고 탐욕스러울 것이다"라고 하였는데, 얼마 후에 과연 그러하였다.

다산은 두 사람의 경우를 예로 든 뒤에 "이것이 사람을 관찰하는 묘한 방법이다. 오직 식자만이 그러한 행위를 할 수 있고, 간사한 아전과 교활한 서리들은 모두 그것을 알아볼 수 있으니 어찌 두렵지 않겠는가?"라고 하였다. 수령이 한 고을을 다스리면서 아무리 굳은 결심을 하고 노력을 해도 마음먹은 대로 실천하지 못하는 것이 많다. 그러나 애초에 그럴 의지가 없다면 더 무엇을 기대할 수 있겠는가? 목민관이 부임하는 행차를 보고 이미 결과를 예측할 수 있으니, 지식인의 안목과 대중의 이목을 두려워하지 않을 수 없다. 이 외에도 다산은 "수령으로 부임해 갈 때 동행하는 사람이 많아서는 안 된다"고 하였고, "이불과 베개와 솜옷 이외에 책 한 수레를 싣고 간다면 청렴한 선비의 행장이라 할 수 있다"라고 하였다. 그러나 설령 이 같은 말을 실행에 옮긴다고 하여도 그것이 자신의 마음 깊은 곳에서 우러나온 것이 아니라면 생색내기에 불과할 뿐 아무런 의미가 없을 것이다.

3. 사조辭朝: 임금과 조정 대신들께 하직인사 드릴 때

대신들에게 하직인사 드릴 때에는 그 고을 백성들의 삶에 대해 논하라

사조는 목민관이 근무지로 떠남을 알리는 것이다. 즉 부임을 앞두고 임금에게 부임 인사를 드린 후에 조정의 대신들, 즉 정승과 판서, 사간원과 사헌부의 대간들, 그리고 전관銓官(인사담당관)에게 하직인사를 드리는 것을 사조라고 한다. 다산은 조정대신들에게 하직인사를 드리러 가는 목민관에게 다음과 같이 경계하였다.

정승과 판서, 사헌부와 사간원의 대간에게 두루 하직인사를 드릴 때에는, 마땅히 스스로 재능이 걸맞지 않음을 말해야지 녹봉의 많고 적음은 말해서는 안 된다.

수령으로 나가는 자나 그를 보내는 자는 다 같이 그 고을의 폐단과 백성들의 걱정거리를 논해야 한다. 그럼에도 불구하고 그런 말들은 오가지 않고 봉록이 얼마나 되는지에 대해 논하는 것은 수치스러운 일이다.

다산은 "전관에게 두루 하직할 때는 감사하다는 말을 해서는 안 된다"고 하였다. 전관은 문관과 무관의 인사행정을 담당하는 이조정랑과 병조좌랑을 가리킨다. 전관에게 하직인사를 할 때 감사하다는 말을 하지 말라고 한 이유는, 임명된 수령이 그들의 집을 두루 돌아다니며 원하는 것이 무엇인지 물은 다음, 부임하여 뇌물을 실어다 바치는 행위를 저지르기 때문이다. 당시에 이러한 일이 당연한 일로 여겨져 이미 만연되었기 때문에 다산이 이와 같이 경계한 것이다.

새 수령을 맞이하러 온 우두머리 아전의 농간을 뿌리쳐라

다산은 "새 수령을 맞이하러 온 아전과 하인이 이르거든 그들을 접대함에 마땅히 장중하면서도 화평하게 하고 간결하면서도 과묵하게 해야 한다"고 하였다. 여기서 알아두어야 할 것은 신관을 맞이하러 오는 아전은 대개 아전 중의 우두머리인 수리首吏가 오는데, 그는 빈손으로 오는 것이 아니라는 점이다. 그렇다면 수리가 가져오는 것은 무엇일까? 다산은 다음과 같이 기록하였다.

신관 사또의 부임을 맞이하러 온 수리의 행낭 속에는 으레 작
은 책이 들어 있는데, 이를 읍총기邑總記라고 한다. 그 속에는
봉록과 미전米錢의 숫자와 백성을 번롱翻弄하여 나머지를 취하
는 방법이 갖가지로 나열되어 있다. 수리가 와서 뵙는 날에 이
것을 꺼내어 바치면 수령이 받아 보고 흔연히 기쁜 빛을 띠고
조목조목 캐어물어서 그 묘리와 방법을 알아내니, 이는 천하
의 큰 수치이다. 아전이 바치는 날에 마땅히 즉시 돌려주고 묵
묵히 다른 말이 없어야 할 것이요, 거듭 자제나 친척과 빈객들
을 단속하여 요구하여 보는 일이 절대로 없도록 해야 한다.

읍총기는 고을의 이런저런 현황을 자세히 기록한 책이다.
우두머리 아전은 아직 부임도 하지 않은 신관 사또에게 읍
총기를 보여주며 달콤한 마수魔手를 내밀어보는 것이다. 그
것을 잡느냐 뿌리치느냐는 수령에게 달려 있다. 만약 수령
이 아전이 바치는 것을 받아 보고 기뻐하며 조목조목 물어
본다면, 부임해서 탐관이 되어 백성들의 고혈을 빨아 치부致
富할 것이 틀림없다.

임금을 하직하고 대궐을 나서면 오직 백성만을 생각하라

다산은 "임금께 하직인사를 드리고 대궐문을 나서면, 개연히 백성들의 기대에 부응하여 임금의 은혜에 보답하려는 것으로 마음을 세워야 한다"고 하였다. 부임을 앞둔 목민관은 강개慷慨한 마음을 가지고 백성들이 진정 바라는 것을 이루어줌으로써 임금의 은혜에 보답하겠노라고 다짐해야 함을 역설하였다.

4. 계행啓行: 근무지로 부임할 때

부임하는 길에서는 말을 못하는 사람처럼 하여야 한다

계행은 근무지로 부임행차 하는 것이다. 신관 사또가 부임지로 행차할 때 어떻게 하는 것이 좋을까? 다산은 "부임하는 길에서는 정중하고 온화하며 간결하고 과묵하여 마치 말을 못하는 사람처럼 하여야 한다"고 하였다. 그리고 부연하여 "길을 갈 때 아전이 몸을 굽히지 않더라도 책망하지 말고 묵묵하게 마치 말을 하지 못하는 것처럼 하라"고 하였다. 다산이 목민관의 부임행차 때 정중·온화·간결·과묵해야 한다고 하고, 특히 과묵함을 강조한 이유는 무엇인가? 다산은 다음과 같이 설파하였다.

『시경詩經』에 "그분이 길을 떠나시는데, 소문만 있었지 소리가 없구나"라고 하였는데, 군자의 행차는 그 엄숙함이 이와 같아야 한다. 우리나라의 풍속은 떠들썩한 것을 좋아하여 여러 하인들이 신관을 둘러싸고 잡된 소리를 난발하여 백성이 바라보기에 엄숙하면서도 온화하고, 위엄 있으면서 중후한 기상이 없다. 무릇 중후하고 조심스럽고 생각이 깊은 사람은 반드시 이런 소리를 좋아하지 않는다. 목민관이 된 자는 비록 말 위에 있더라도 마땅히 지혜를 운용하고 정신을 한데 모아서 백성을 편하게 할 정사를 생각해야 한다. 만약 그들과 똑같이 들떠 움직인다면 어찌 침착하고 세밀한 생각이 나올 수 있겠는가.

윗글에서 핵심이 되는 내용은 후반부에 있다. 즉 목민관이 부임행차 때 과묵하고 중후해야 하는 이유는 위엄을 세우는 것에 목적이 있는 것이 아니다. 민생을 위해 정신을 가

다듬고 지혜를 운용하여 침착하고 세밀한 생각을 이끌어 내야 하기 때문이다.

부임하는 중이라도 잘못된 것이 있으면 고치는 것이 마땅하다

다산은 "지나가는 길에 기피하고 꺼리는 것이 있어 바른 길을 버리고 돌아서 가려고 하면, 마땅히 바른 길로 가서 사악하고 괴이한 이야기를 타파해야 한다"고 하였다. 바른 길을 버리고 돌아서 가자고 하는 것은 아전의 뜻이다. 여기에는 아전이 수령에게 숨기고 싶은 것이 있기 때문이다. 그러므로 이제 막 부임하는 길이라고 해도 미신이나 잘못된 관행으로 백성들에게 불편을 주는 것은 반드시 타파해야 한다. 다산은 조선 중기의 문신 지족헌知足軒 노준盧遵, 1536-1624의 행적을 예로 들었다. 노준은 충청도 전의현령이 되어 100년 넘게 닫혀 있던 성의 북문을 열어 고을 백성들의 환호를 받았다. 노준은 오로지 백성들에게 이로움을 주고자 하는 마음뿐이었으므로 상급 관청에 보고하여 100년 넘게 닫혀 있던 문을 열 수 있었던 것이다.

선배 수령들과 만나 다스리는 이치에 대해 논의하라

목민관은 부임지에 도착하기 전에 여러 고을을 지나가게 된다. 이때 어떻게 처신하는 것이 좋을까? 다산은 "지나가다 관부에 들어가게 되면 마땅히 선배 수령들을 따라 다스리는 이치를 깊이 논의해야 하고, 농담이나 우스갯소리로 밤을 지새워서는 안 된다"고 하였다. 그리고 부연하기를, "부임지가 있는 도道의 고을 수령들은 모두 자신의 동료이다. 그러므로 진정 혐오하는 집안이 아니면 마땅히 바로 방문하여 만나 보아야 한다. 그냥 지나치게 된다면 교만하게 보일 수 있다. 더구나 그들은 벼슬에 있은 지가 오래되어 그곳 풍속과 인정 그리고 새로 생긴 폐단과 오래된 백성들의 고통 등을 물어볼 사항이 반드시 있을 것이므로 새로 부임하는 자는 반드시 그들을 만나 견문을 넓혀야 한다"고 하였다.

다산은 "취임하기 전의 하룻밤은 마땅히 이웃 고을에서 자야 한다"고 하였다. 그 이유는 신관 수령의 행차에는 수행하고 맞이하는 사람의 수가 매우 많아서 본 고을에서 자면 백성들이 피해를 입기 때문이다. 이처럼 목민관이 된 사람은 언제나 백성을 생각해야 한다.

5. 상관上官: 수령 자리에 취임할 때

취임할 때 날을 받는 것은 어리석은 짓이다

상관은 목민관의 자리에 취임하는 것이다. 다산은 "취임할 때에 날을 받을 필요는 없다. 비가 오면 날이 개기를 기다리는 것이 좋다"고 하였다. 그리고 그 이유에 대해 다음과 같이 말하였다. "취임 날짜를 택일하지 않은 사람이 없건만, 봉고파직을 당하는 사람도 있고 탄핵을 당해 파직되기도 하고 사고를 만나 떠나는 사람도 있다. 앞 사람들이 택일을 하고도 아무런 효과를 보지 못했는데, 무엇 때문에 그것을 따를 것인가."

입을 열지 말고 침묵을 지켜 위엄을 굳게 세워라

목민관은 부임하는 첫날에 어떻게 처신하는 것이 좋을까? 다산은 "관청이 크고 아름답다 하더라도 좋다는 말을 하지 말고, 관청이 부서지고 퇴락하였더라도 누추하다는 말을 하지 말고, 좌우에 있는 기물들과 온갖 물건들이 혹 아름답고 혹 추하더라도 또한 입을 열지 말고 일체 침묵을 지켜야 한다. 눈은 볼 수 없는 것같이 하고, 입은 말을 할 수 없는 것같이 해서 숙연히 시끄러운 소리가 없어 관청 안이 물을 끼얹은 것처럼 해야 한다"라고 하였다. 이 말은 목민관은 부임하는 날에 경거망동을 하지 말고 위엄을 굳게 세워야 한다는 뜻이다. 목민관이 위엄을 굳게 세우는 것은 교활한 아전을 단속하기 위함이다.

형세를 살펴 대처하고 습속에 따라 변통할 줄 알아야 한다

다산은 "관속들이 인사하고 물러가면 고요하게 단정히 앉아서 백성을 다스리는 방도를 생각해야 한다. 너그러우면서 엄정하고 간결하면서도 치밀하게 미리 규모를 정하되, 오직 시의時宜에 알맞도록 하고, 확고하게 스스로 지켜 나가야 한다"고 하였다. 이 중에 '오직 시의에 알맞도록 해야 한다'는 말은, 상황에 따라 적절하게 변통하라는 말로 목민관이 특히 유념할 말이다. 순암 안정복은 「임관정요臨官政要」에서 "천리에 습속이 같지 않고 백리에 기풍이 다르다. 한 도 안에서도 산간과 해안지대가 풍토가 다르고, 한 현 안에서도 읍과 촌이 숭상하는 바가 다르다. 장사꾼이 모이는 곳의 민심은 간교하고, 농사꾼이 사는 곳의 민심은 질박하다. 백성을 다스리는 자는 마땅히 형세를 살펴서 대처해야 할 것이다"라고 하였다. 다산은 이 말을 인용하여 목민관이 상황에 따라 적절하게 변통할 줄 알아야 함을 설파하였다.

6. 이사莅事: 목민관의 직무를 시작할 때

선비들과 백성들에게 병폐를 묻고 의견을 구하여라

이사는 목민관이 직무를 시작하는 것이다. 다산은 "이 날에 선비들과 백성들에게 영을 내려 고을의 병폐를 묻고 의견을 구하여라"고 하였다. 또 "이 날 몇 가지 일로써 백성들과 약속하고, 관아 바깥문 문설주에 특별히 북 하나를 걸어 놓아라"라고 하였다. 다산은 포청천包靑天으로 잘 알려진 중국 남송南宋의 명신 포증包拯의 행적을 예로 들었다. 포증이 개봉부를 다스릴 때, 옛날 제도에는 소송하는 사람이 곧바로 들어갈 수 없었고, 관청의 아전이 문 앞에 앉아서 고소장을 거두었는데, 포증이 관아의 문을 활짝 열고 백성들이 곧바로 뜰아래까지 와서 스스로 옳고 그름을 말하게 하니, 아전과 백성들이 감히 속이지 못하였다.

이미 약속했다면 믿음을 잃지 않도록 해야 한다

다산은 "관청의 일은 약속이 있어야 한다. 약속이 믿음을 얻지 못하면 백성들은 수령의 명령을 장난처럼 생각할 것이다. 약속했으면 믿음을 잃어서는 안 된다"고 하였다. 수령이 아무리 위엄 있게 행동한다고 해도 관청에서 약속한 일이 지켜지지 않아 백성들의 신뢰를 잃는다면 그 위엄은 곧 허물어지고 만다. 약속한 일을 지키지 않으면 수령의 명령을 우습게 여기는 것은 당연한 결과이다. 다산은 다음과 같이 부연하였다. "무릇 백성들을 다스리는 방법으로는 먼저 약속을 분명히 하고, 세 번 영을 내리고 다섯 번 일깨워주고, 또 반드시 그 기한을 여유 있게 하여 두루 힘을 쓸 수 있도록 한 후에, 어기는 사람이 있으면 약속대로 실시하여도 다른 말이 없을 것이다."

고을의 이모저모가 담긴 자세한 지도를 제작하여 정사에 활용하라

다산은 "그다음 날 노련한 아전을 불러 화공을 모집하게 하여 본 고을의 사경도四境圖(관내지역의 지도)를 제작해서 그것을 관아의 벽 위에 걸어두어야 한다"고 하였다. 그리고 다음과 같이 말하였다. "생각건대 이 지도는 가장 요긴한 것이다. 본 현에 만약 화공이 없으면 이웃 현에서 데려오되 비록 솜씨가 졸렬하더라도 괜찮다. 반드시 노련한 향임, 노련한 아전, 노련한 군교 등으로 하여금 지도 제작을 관장하게 하여야 한다"고 하였다. 이어서 "이 지도에는 강이나 산, 사방의 도로와 마을의 이름, 다리와 나루터, 고개와 객점, 절 등을 모두 기재하여야 한다. 이것으로써 고을의 인정과 풍속을 살필 수 있고, 아전과 백성들이 왕래하는 길도 알 수 있다"고 하였다.

제2편
율기 | 6조律己六條

1. 칙궁飭躬: 몸가짐을 단정하게 하라

일상생활을 할 때에는 절도 있게, 백성을 대할 때에는 장중하게 하라

칙궁은 자신의 몸가짐을 삼가고 경계하여 단정하게 하는 것이다. 수령이 자신의 몸가짐을 어떻게 해야 아전들과 백성들이 수령을 믿고 따르게 될까? 다산은 "일상생활을 할 때에는 절도 있게 하고, 관대冠帶(갓과 허리띠)는 단정히 하며, 백성을 대할 때에는 장중하게 하는 것이 옛날의 훌륭한 도이다"라고 하였다. 그리고 다음과 같이 부연하였다.

밝기 전에 일어나서 촛불을 밝히고 세수하고 옷을 단정히 입고 띠를 두른 후 묵묵히 단정히 앉아서 정신을 함양한다. 얼마쯤 있다가 생각을 풀어내어 오늘 응당 해야 할 일들을 놓고 먼저 선후의 차례를 정한다. 제일 먼저 무슨 공문을 처리하며 다음에는 무슨 명령을 내릴 것인가를 마음속으로 분명히 해야 한다. 그러고서는 제일 먼저 할 일을 놓고 잘 처리할 방법을 생각하며, 다음에 할 일을 놓고 잘 처리할 방법을 생각하되 사욕을 끊어버리고 하나같이 자연스러운 이치를 따르도록 힘써야 한다.

다산은 본보기가 될 인물로 송나라 조변趙抃을 예로 들었다. 조변은 성도成都를 맡아 다스릴 때 밤이 되면 반드시 의관을 갖추고 향을 피우고 매일 한 일을 하늘에 아뢰었는데, 이때 하늘에 고할 수 없는 일은 감히 하지 않았다고 한다.

백성 보살피기를 마치 다친 데가 있는 사람 돌보듯이 하라

목민관은 백성을 어떤 마음으로 어떻게 보살펴주어야 하

는가? 다산은 "공사公事를 돌보다가 여유가 있으면 반드시 정신을 모아 고요히 생각하여 백성을 편안하게 할 방책을 헤아리고 지극한 정성으로 잘되기를 강구하여야 한다"고 하였다. 그리고 송나라의 정호程顥와 장구성張九成의 행적을 예로 들었다. 정호는 현령이 되었을 때 그의 집무실에 '백성 보살피기를 마치 상한 데가 있는 것처럼 하라'라는 의미인 '시민여상視民如傷' 네 글자를 써 놓고 항상 부끄러워했다고 한다. 그리고 장구성은 벽에 '내 한 몸이 만약 하루라도 한가하면 백성들은 끝없는 괴로움을 당한다'라고 크게 써 붙이고 백성들을 위하여 열성을 다했다. 그러자 다른 사람이 그를 속일 수가 없었다고 한다.

두려워하는 마음을 가지고 관대해야지 위맹함을 좋아해서는 안 된다

목민관이 목민의 소임을 잘 수행하기 위해서 평소에 어떤 마음을 가지는 것이 좋을까? 다산은 먼저 '두렵다'는 뜻을 가진 '외畏'를 꼽았다.

『치현결治縣訣』에 다음과 같이 말하였다. "관직 생활의 요체는 '외' 한 글자뿐이다. 의를 두려워하고, 법을 두려워하고, 상관을 두려워하고, 백성을 두려워하여 마음에 언제나 두려움을 간직하고 있으면, 혹시라도 방자하게 되지 않을 것이기 때문에 허물을 적게 할 수 있을 것이다."

공직자들은 백성들 위에 군림하여 그들을 좌지우지하는 사람이므로 누구보다 두려움이 없는 사람이다. 그러나 공직자가 직분을 잘 수행할 수 있는 비결은 두려워하는 마음을 가지는 것이다. 공직자의 마음에 두려움이 없으면 비리와 악행을 저지르게 된다.

다산은 목민관이 갖추어야 하는 덕목으로 관대함을 꼽았다. 다산은 아랫사람을 너그러이 대하면 백성으로서 순종치 않는 자가 없을 것이라고 하며 "너그러우면 많은 사람을 얻을 것이다"라고 한 공자孔子의 말씀을 인용하며 목민관이 위맹함을 숭상해서는 안 된다고 하였다. 그리고 다음과 같이 부연하였다.

사람들이 항상 말하기를 "벼슬살이에는 위맹함을 숭상하는 것만 한 것이 없다" 하는데, 이는 속된 말이다. 먼저 맹猛자를 가슴속에 품고 있으면, 곧 그 심중에 간직한 것이 이미 스스로도 좋지 않을 것이니 어찌 백성을 구제할 수 있겠는가? 죄가 있으면 죄를 주는 것이니, 내가 형刑을 쓰는 것은 각기 그 죄에 합당한 것뿐인데, 하필 용맹함을 숭상할 것인가? 『시경』에 이르기를, "그대의 위의威儀를 경건히 하여 유가柔嘉하지 않음이 없어야 한다"고 하였으니, '유가' 두 글자의 기상이 가장 좋다.

다산이 말한 '유가'는 '편안하고 착한 마음'이다. 즉 수령은 유연한 마음으로 편안하고 착하게 백성들을 대해야 한다는 것이다. 다산은 이러한 마음과 기상이 용맹한 기상보다 더 큰 역할을 할 수 있다고 여겼다. 용맹함을 숭상하다 보면 사납게 될 소지가 크다. 백성을 부모처럼 자식처럼 돌봐야 하는 목민관이 사나운 마음을 가슴에 품고서, 어찌 백성들을 아끼고 사랑할 수 있겠는가?

언행을 신중히 해야 한다. 특히 성이 났을 때는 말조심을 해야 한다

다산은 명나라 때의 관료이자 학자인 정선鄭瑄의 말을 인용하여 목민관은 말을 조심해야 함을 강조하였다. 정선은 "자신이 목민관이 되면 몸이 곧 화살의 표적이 된다. 그러므로 한마디 말과 한 가지 행동도 삼가지 않으면 안 된다"고 하고, 또 "한마디 말로 천지의 화평을 상하게 할 수도 있고 한 가지 일로 평생의 복을 끊어 버리는 것이니, 반드시 절실하게 점검해야 한다"고 하였다. 그리고 "성이 났을 때의 말들은 모두 체면을 잊은 것이니, 성내고 난 후에 생각해보면 자기의 더럽고 좁은 속을 온통 다른 사람에게 내어 보이고만 것이 된다"고 하여 특히 성이 났을 때 말조심 할 것을 당부하였다.

몸가짐을 신중하고 후덕하게 하여 아랫사람을 배려하라

다산은 "군자가 중후함이 없으면 위엄이 없으니 백성의 윗사람이 된 자는 몸가짐을 신중히 하지 않으면 안 된다"고 하였다. 그리고 송나라의 명신 배도裵度와 한기韓琦의 행적을 예로 들었다.

배도가 중서성中書省에 있을 때 좌우 사람들이 갑자기 직인이 없어졌다고 아뢰었으나 배도는 여전히 천천히 술만 마셨다. 얼마 후에 다시 제자리에서 직인을 찾았다고 보고했으나 배도는 역시 대꾸를 하지 않았다. 어떤 사람이 까닭을 물으니, 그는 "이는 필시 아전이 훔쳐 문서에 찍은 것인데, 다급하게 되면 도장을 물이나 불에 던져 버릴 것이요, 늦추어주면 도로 제자리에 갖다 놓을 것이다"라고 하였다. 사람들은 그의 헤아림에 감복하였다.

한위공韓魏公이 대명부大名府에 있을 때에 100금을 주고 옥잔 1쌍을 샀는데, 밭갈이하던 자가 옛 무덤에서 얻은 것으로서 안팎에 흠이 없는 뛰어난 보물이었다. 하루는 조사漕使를 불러 술을 대접하였는데, 한 아전이 잘못 부딪쳐 옥잔이 모두 부서졌다. 공은 신색이 조금도 달라지지 않고 앉아 있는 손님에게 "물건의 만들어지고 부서짐은 역시 스스로 때가 있는 것이다" 하고 그 아전을 돌아보면서 "너는 실수를 했을 뿐이요,

고의로 한 것이 아니니 무슨 죄가 있으랴" 하였다.

목민관이 몸가짐을 신중히 하고 행동을 중후하게 해야 하는 이유는 백성들을 아끼고 사랑하기 위해서이다. 배도와 한기가 보여준 진중한 행동은 윗사람으로서 아랫사람을 아끼고 배려하는 마음에서 나온 것이다. 그러므로 아랫사람은 진심으로 윗사람을 따르게 되고, 윗사람의 권위와 위엄은 저절로 생기는 것이다.

술과 여색을 끊고 정신을 다해 농간을 막아라

수령은 마음만 먹으면 언제든지 즐길 수 있다. 실로 술과 여색과 풍악은 수령의 전유물처럼 여겨지던 것들이다. 그러나 수령이 한번 유흥과 향락에 빠져 그 맛을 알게 되면, 처음에 먹은 굳은 결심도 눈 녹듯 녹아버리게 된다. 그러므로 다산은 "술을 끊고 여색을 끊으며 노래와 음악을 물리쳐서 공손하고 엄숙하기를 큰 제사 받들 듯이 해야 한다. 감히 놀고 즐김으로써 거칠고 방탕해서는 안 된다"라고 한 것이다. 다산은 정선의 말을 인용하여 다음과 같이 부연하였다.

정선은 다음과 같이 말하였다. "사람의 총명에는 한계가 있고 일의 기틀은 무궁한데, 한 사람의 정신을 다하여 뭇사람의 농간을 막는 것이 결코 쉬운 일이 아니다. 즐겨 술에 떨어지고 색정에 빠지며 시 짓고 바둑 두어서 옥중의 송사가 해를 넘기고 옳고 그른 것이 뒤바꿔지면 소송거리는 더욱 많아지고 일의 기틀은 더욱 얽혀질 것이니 어찌 한탄스럽지 아니한가."

다산은 "평소 놀고 즐기는 것은 백성들이 좋아하는 바가 아니니, 단정하게 처신하여 움직이지 않는 것만 같지 못할 것이다"라고 하며 목민관이 유흥과 향락을 멀리하고 늘 마음가짐과 정신자세를 엄숙하고 단정하게 처신해야 함을 재차 강조하였다.

다스림이 이루어져 백성들이 즐거워하면 그때 백성들과 함께 즐겨라

그렇다면 도대체 목민관은 언제 술을 마시고 노래를 부르며 즐길 수 있는 것인가? 다산은 "다스림이 이미 이루어져서 여러 사람들의 마음이 이미 즐거우면, 풍류를 마련해서 백성들과 함께 즐기는 것 또한 선배들의 성대한 일이었다"
라고 하였다. 다산은 목민관의 풍류에 두 가지 조건을 제시
하였다. 첫째는 치적이 이루어져 백성들이 즐거워한 후에
하라는 것이며, 둘째는 백성들과 함께 즐기는 것이다. 이것
은 이른바 '여민동락與民同樂'이다. 그런데 만약 수령이 '여민
동락' 하지 않을 경우에는 어떻게 될까?

지난해 봄에 내가 작은 배를 타고 가우도駕牛島 어촌에 놀러
갔더니 현감 역시 배를 타고 만덕사에 이르러 놀이를 벌이고
있었다. 내가 어촌에 이르러 어부들의 이야기를 들으니, 바다
에 있던 배가 항구에 들어오면 아전과 군교들이 배 한 척마다
돈 200문씩을 토색질해 가고, 고기잡이 통발이 바다 가운데
에 수십 곳이 있지만 밀물 썰물에 잡히는 것을 모조리 빼앗아
가되, 모두가 현령의 놀음을 핑계로 삼는다고 하였다. 아! 현
령이 어찌 이를 알 것인가. 내가 바야흐로 석양에 작은 노를
저어 먼 갈대와 버들 사이를 따라가면서 산허리에 있는 절간
을 바라보니, 붉은 옷 푸른 옷이 엇갈려 지나가고 피리 소리
장고 소리가 한창 울렸다. 그러나 그들은 어촌의 여러 백성들

이 눈을 흘겨 저주하며 욕하는 줄도 모르고 있었다. 아! 백성
들의 윗사람 노릇하기가 정말 어렵지 아니한가.

다산은 강진에 유배되어 있을 때 자신이 직접 경험한 일
을 예로 들어, 수령이 단정하고 엄격하지 못하여 정사를 밝
게 살피지 못하면 백성들에게 욕을 먹고 저주를 받는다고
하였다.

다산은 "만약 시나 읊고 바둑을 두면서 정사는 아전에게
맡긴다면 크게 잘못된 것이다"라고 하였다. 시나 바둑이 술
과 여색과 풍악보다 아취雅趣가 있을지 모르지만, 수령이 시
나 바둑에 빠져 정사를 아전에게 맡긴다면, 이 또한 백성들
의 저주를 받게 될 것이다.

2. 청심淸心: 마음을 맑게 하라

**청렴이란 목민관의 기본 임무이며 모든 선의 원천이요,
모든 덕의 근본이다**

청심은 마음을 맑고 깨끗하게 하는 것이다. 목민관이 청

렴하지 않으면 온갖 비리가 속출하게 되어 백성들은 도탄에 빠지게 된다. 다산은 "청렴이란 목민관의 기본 임무이며 모든 선의 원천이요, 모든 덕의 근본이다. 청렴하지 않고 목민관을 할 수 있는 자는 있지 않다"고 하였다. 그리고 우리나라에 청백리淸白吏로 뽑힌 사람이 적은 것에 대해 다음과 같이 개탄하였다.

우리 조선에 청백리로 뽑힌 자가 모두 110명인데, 태조 이후에 45명, 중종 이후에 37명, 인조 이후에 28명이었다. 경종 이후로는 청백리 선발이 마침내 끊어지고 나라는 더욱 가난해지고 백성은 더욱 곤궁하게 되었으니 어찌 안타깝지 않겠는가. 4백여 년 동안에 벼슬한 자가 수천 수만 명인데, 그중에서 청백리로 뽑힌 자가 겨우 이 숫자에 그쳤으니 진실로 사대부의 수치이다.

다산은 조선왕조 4백여 년 동안 벼슬한 사람 수만 명 가운데 청백리로 뽑힌 자가 고작 110명에 불과하다는 사실을 들어 청렴한 공직자가 적은 것을 개탄하였다. 예나 지금이나 청렴한 공직자는 많지 않은 것 같다.

지혜가 깊은 선비는 청렴을 교훈으로 삼고 탐욕을 경계하였다

다산은 "청렴은 천하의 큰 장사이다. 그러므로 욕심이 큰 사람은 반드시 청렴하다. 사람이 청렴하지 못한 까닭은 그 지혜가 부족하기 때문이다"라고 하였다. 청렴이란 재물을 탐내지 않는 것인데, 욕심이 큰 사람이 반드시 청렴한 이유는 무엇인가? 이에 대해 다산은 "지혜가 높고 사려가 깊은 사람은 그 욕심이 크므로 청렴한 관리가 되고, 지혜가 짧고 사려가 얕은 사람은 그 욕심이 작으므로 탐관오리가 된다"고 하였다. 그리고 다음과 같이 부연하였다.

비록 재물 얻는 것을 마음에 두었다고 하더라도 또한 마땅히 청렴한 관리가 되어야 하니 어째서인가? 매양 보면 지체와 문벌이 화려하게 드러나고 재주와 명망이 가득한 사람도 돈 수백 꾸러미 때문에 속임수에 빠져 관직을 삭탈당하고 유배를 가서 10년이 지나도록 등용되지 않는 경우가 허다하다. 비

록 혹시 세력이 높고 분위기가 유리하여 형벌을 면할지라도
여론은 그 비루함에 침을 뱉을 것이고, 청아淸雅한 명망은 없
어질 것이다.

청렴하지 못하여 형벌을 당하면 아무리 높은 세력을 등에
업고 있어도 사람들에게 비웃음을 당하고 깨끗한 명망은
사라진다. 다산은 "목민관이 청렴하지 않으면 백성들이 그
를 도둑으로 지목하여 마을을 지나갈 때에 더럽다고 욕하
는 소리가 비등할 것이니 이 또한 수치스러운 일이다"라고
하였다.

풍유룡馮猶龍이 말하기를 "천하의 한없이 못난 짓은 모두 돈을
버리지 못하는 데 따라 일어나고, 천하의 끝없이 좋은 일은
모두 돈을 버리는 데 따라 이루어진다."

다산은 명나라 때의 학자 풍몽룡馮夢龍, 1575-1645의 말을 인
용하여 목민관이 탐욕을 버리면 천하의 끝없이 좋은 일들을
할 수 있다고 하였다. 황금만능黃金萬能의 시대를 살고 있는

현대인들이 가슴 깊이 새겨둘 만한 명언이라 할 수 있다.

이처럼 청렴은 선비가 생명처럼 귀하게 여겨야 하는 것이다. 그러나 청렴하더라도 치밀하지 못한 것은 아쉬운 일이다. 재물을 쓰고도 효과를 거두지 못하는 것도 마찬가지다. 다산은 "청렴하나 치밀하지 못하고, 재물을 내어 쓰면서도 실효가 없는 것은 또한 족히 칭찬할 것이 못 된다"고 하였다.

뇌물을 주고받은 일은 비밀이 없다

수령은 고을의 왕과 같은 존재이므로 그에게 뇌물을 바치고 줄을 대려는 사람은 그 수를 헤아리기 어렵다. 수령은 아무도 모를 것이라 생각하고 비밀리에 뇌물을 받지만, 뇌물을 주고받은 일은 비밀이 없다. 다산은 "뇌물을 주고받는 것을 누가 비밀로 하지 않겠는가마는, 한밤중에 행한 것도 아침이면 이미 드러난다"라고 하였다. 그리고 다음과 같이 부연하였다.

아전들은 매우 경박하여 들어와서 말하기를 "이 일은 비밀이라 아는 사람이 없습니다. 퍼지게 되면 저를 해치는 것인데 누가 감히 퍼뜨리겠습니까?" 하므로 목민관은 그 말을 깊이 믿어 흔쾌히 뇌물을 받지만, 겨우 대문만 나서면 숨김없이 말하기를 주저하지 않고서 자신의 경쟁자를 저지하려고 하니, 삽시간에 사방으로 퍼지건만 목민관은 깊이 들어앉아 고립되어 있어서 막막하게 듣지 못하니, 참으로 슬퍼할 만하다. 양진이 말하는 넷이 알고 있다는 것 외에 남이 안다는 것도 막아낼 수 없다.

양진楊震의 이야기는 다음과 같다. 후한의 양진이 형주자사가 되었을 때 왕밀王密이 창읍昌邑의 수령을 제수받고 밤에 금 열 근을 품고 와서 내어 놓으면서, "어두운 밤이라 아무도 모릅니다"라고 하니 양진이 "하늘이 알고 신이 알고 내가 알고 그대가 아는데, 어찌 아무도 모른다고 하오" 하였다. 이에 왕밀이 부끄럽게 여기고 물러갔다는 것이다.

작은 선물도 받아서는 안 되지만, 청렴이 지나쳐 인정에 각박해서도 안 된다

만약 상대방이 주는 물건이 뇌물이 아니라 아주 작은 선물이라면 어떻게 하는 것이 좋은가? 물론 받아서는 안 된다. 비록 작은 선물이라고 하더라도 일단 선물을 받고 나면 사사로운 정이 맺어지기 때문이다. 다산은 "선물로 보낸 물건이 비록 아주 작은 것이라 하더라도 은정이 이미 맺어지면 사정이 이미 행하게 되는 것이다"라고 하였다. 그리고 그러한 예로 후한後漢 말기의 명관名官 양속羊續의 일화를 제시하였다.

양속이 여강태수가 되었을 때 부승府丞이 물고기를 선사하니, 양속은 받아서 먹지 않고 꿰어 달아두었다. 그 뒤에 다시 선사하므로 양속이 전에 받은 고기를 내어다 보여주었더니 부승이 부끄러워 그만두었다.

부승은 곧 부관이다. 양속은 평소 낡은 옷을 입고 거친 음식을 먹으며 백성들을 위해 정사를 펼쳤던 관리였다. 그리고 그는 자신의 부관이 선물로 준 물고기조차 먹지 않고 매달아 둘 정도로 청렴한 인물이었다. 그는 백성들에게 존경을 받았고 그의 명성은 천하에 자자하였다.

그러나 청렴한 사람의 행실 중에는 청렴이 지나쳐 인정에 각박한 모습을 보이기도 한다. 다산은 청렴한 관리로 명성을 날린 양속의 행동을 예로 들었다. 양속이 남양태수로 있을 때, 하루는 그의 처와 아들이 함께 관아로 찾아왔는데, 양속은 문을 닫고 그들을 안으로 들어오지 못하게 하였다. 처가 아들을 데리고 돌아가는데, 그 행장이 오직 베 이불, 허름한 홑옷에 소금과 보리 몇 말뿐이었다고 한다. 다산은 이러한 양속의 행동을 비판하고 사람의 마음에서 나온 것이 아니니 본받을 것 없다고 하였다.

목민관에게 있어 청렴은 매우 중요한 미덕이요 자산이지만, 청렴한 사람은 인정에 각박해지기 쉽고 은혜를 베푸는 일이 적다. 그러므로 청렴하되 인정을 잃지 않는 것이 중요한 것이다. 다산은 "청렴한 자는 은혜를 베푸는 일이 적으니 사람들이 그것을 병통으로 여긴다. 스스로 자신을 책망하는 데 무겁게 하고 남을 책망하는 데 가볍게 하는 것이 옳다.

청탁이 행해지지 않으면 청렴하다 말할 수 있다"라고 하였다. 그렇다면 목민관은 은혜를 베풀 때 어떻게 하는 것이 좋은가? 다산은 다음과 같이 말하였다.

매번 속된 관리를 보면, 그가 궁한 친구와 가난한 친척을 만나면 자기의 봉록을 떼어다가 도와주려 하지 않고, 별도로 그 사람으로 하여금 일거리 하나를 장만하게 하여 그 청탁을 들어주니, 이것은 백성의 재물을 약탈하여 자기 친족을 구제하는 것이다.

수령이 되어 아는 사람의 청탁을 들어주어 그가 이윤을 차지하게 하는 것을, 다산은 백성의 재물을 약탈하여 자기 족속을 구하는 행위로 보았다. 수령이 궁한 친구와 가난한 친척을 돕고자 한다면 반드시 자신의 월급으로 도와주어야지 청탁을 들어주어서는 안 된다.

자기가 베푼 것은 말도 하지 말고 표정도 짓지 말라

목민관이 청렴하면서도 은혜를 베풀 줄 안다면 더할 나위

없이 훌륭하다고 할 수 있다. 그러나 은혜를 베푼 것을 남들에게 말하거나 은연중에라도 드러낸다면, 그 즉시 고마워했던 마음은 사라지고 말 것이다. 다산은 "무릇 자기가 남에게 준 것이 있으면 말로 드러내지 말라. 덕을 베풀었다는 표정도 짓지 말고, 다른 사람에게 이야기도 하지 말라. 또한 전임자의 허물도 말하지 말 것이다"라고 하였다. 청렴하기란 분명 어려운 것이지만 청렴함을 남에게 드러내지 않는 것이 더 어렵고 중요한 것이다.

정선은 "벼슬살이를 청렴하게 하는 것은 사군자士君子(학문과 덕행이 뛰어난 선비)가 할 수 있는 것이다. 청렴하기가 어려운 것이 아니라 그 청렴을 나타내지 않는 것이 어려운 것이며, 자기의 청렴함을 믿고 남을 얕보고 억누르지 않는 것이 더욱 어렵다"라고 하였다.

다산은 정선의 말을 인용하여 청렴을 자랑하지 않는 것이 어려운 일임을 강조하였다. 그리고 청렴을 자랑하지 않은 인물로 동악東岳 이안눌李安訥, 1571-1637을 들었다. 이안눌이 청백리로 뽑혔는데, 일찍이 어떤 사람에게 "내가 수령이나 절도사를 지낼 때 어찌 흠이 없을 수 있겠소? 단지 부인이 집안 살림을 잘못하여 내 의복과 음식과 거처에 쓰이는 물건이 다른 사람에게 아름답게 보이게 하지 못하였기 때문에 보는 사람들이 나를 청백하다고 생각했으니 참으로 부끄러운 일이오"라고 하였다고 한다. 다산은 "선배들이 실제 할 일을 행하면서도 이름이 나기를 좋아하지 않는 것이 이와 같다"고 하며 칭송하였다.

진귀한 물건에 욕심을 내지 않아야 청렴한 것이다

고을의 수령이 되어 그 고을에서 생산되는 진귀한 물건에 욕심을 내지 않기란 어려운 일이며, 여러 사람들의 청탁을 뿌리치는 것도 어려운 일이다. 그러나 다산은 "무릇 진기한 물품으로서 본 고을에서 생산되는 것은 반드시 그 고을에 폐가 될 것이니, 하나도 가지고 돌아가지 않아야만 청렴한 사람이라고 말할 수 있을 것이다"라고 하였다. 그리고 이것을 실천한 인물로 포증을 예로 들었다.

포증이 단주端州를 다스렸는데, 그곳에서는 해마다 벼루를 공물로 보내고 있었다. 이전 수령들이 수령으로 있을 때는 번번이 수십 배를 거두어들여서 권력 있고 귀한 자들에게 선물로 보냈다. 그러나 포증은 먹과 벼루 만드는 자에게 공물의 숫자만 맞추어 만들게 하였고, 임기가 다했을 때 벼루 하나도 가져가지 않았다.

중국 단주에서 생산되는 단계연端溪硯은 벼루 가운데 최고로 치는 것이어서 그것을 원하는 사람이 많은데 포증은 귀한 자들에게 선물을 하지 않았을 뿐 아니라 임기가 다할 때까지 하나의 벼루도 가져가지 않았다고 하니 이것이 과연 쉬운 일이겠는가?

3. 제가齊家: 집안을 잘 다스려라

그 고을을 다스리려는 자는 먼저 그 집안을 잘 다스려야 한다

제가는 집안사람들을 잘 다스리는 것이다. 다산이 칙궁과

청심에 이어 제가를 제3장으로 삼은 것은 목민관이 먼저 자신을 닦은 뒤에는 반드시 집안을 잘 다스려야 하기 때문이다. 수령이 설령 스스로를 청렴하게 하였다고 해도 집안을 다스리지 못해서 그로 인해 문제가 생긴다면 결국 백성들에게 해를 끼치게 되고 고을을 잘 다스리지 못하게 된다. 다산은 "자신을 닦은 뒤에야 집안을 다스릴 수 있고 집안을 다스린 뒤에 나라를 다스린다는 것은 천하의 공통된 이치이다. 그 고을을 다스리려는 자는 먼저 그 집안을 잘 다스려야 한다"고 하였다. 그리고 집안을 잘 다스리는 방법 여섯 가지를 소개하였다.

한 고을을 다스리는 것은 한 나라를 다스리는 것과 같다. 자기 집을 잘 다스리지 못하고 어떻게 한 고을을 다스릴 수 있겠는가. 집안을 잘 다스리는 데는 요점이 있다. 첫째 데리고 가는 사람의 수는 반드시 법대로 하고, 둘째 치장은 반드시 검소하게 하고, 셋째 음식은 반드시 절약해야 하고, 넷째 규문閨門은 반드시 근엄해야 하고, 다섯째 청탁은 끊어버리지 않으면 안 되고, 여섯째 물건을 사들이는 데는 반드시 청렴해야 하는 것이다. 이 여섯 가지 조목에 법도를 세우지 못하면 수령으로서 정사를 가히 알 만한 것이다.

이 가운데 첫 번째가 부임할 때 데리고 가는 사람의 수를 법대로 하라는 것이다. 법전에 나와 있는 수는 부모와 아내 외에는 아들 1명만 허용하되 미혼 자녀들은 계산에 넣지 않는다고 한다. 그리고 남자 노비 1명, 여자 노비 2명 외에는 데리고 가지 않는 것이 좋다고 하였다. 다산은 여기서 더 나아가 "청렴한 선비가 고을살이를 나갈 때에 처자를 데리고 가지 않는다"고 하였다. 그 이유에 대해 다음과 같이 말하였다.

옛날의 훌륭한 사람이 다음과 같이 말하였다. "지방관으로 나가는 사람은 세 가지를 버리게 된다. 첫째 가옥을 버린다. 대개 집을 비워두면 허물어지게 마련인 것이다. 둘째 노복奴僕을 버린다. 대개 노복들은 놀려두면 방자하게 되기 때문이다. 셋째는 아이들을 버린다. 대개 자제들이 호사한 분위기에 젖으면 방탕하기 마련인 것이다." 참으로 옳은 말이다.

수령이 되어 부임하면서 가족을 데리고 가면 본집은 비게 되므로 집을 버린다는 것이고, 본집에 남은 노비들을 부리는 주인이 없으니 방자하게 된다는 것이고, 데리고 간 자식들은 호사한 분위기에 젖어 방탕하게 된다는 말이다.

옷과 음식을 사치스럽게 장만하는 것은 재앙을 부르는 것이다

다산은 "의복을 사치스럽게 하는 것은 많은 사람들이 꺼리는 것이요, 귀신이 미워하는 것이자 복을 꺾는 길인 것이다"라고 하였다. 그리고 다음과 같이 부연하였다. "부인이 도리를 아는 사람은 극히 적다. 대부분 소견이 천박해서 남편이 고을살이 나간다는 말을 듣기만 해도 금방 한 보따리 부귀가 하늘로부터 내려오는 줄로 생각한다. 그 장식과 패물을 곱게 하기만 힘써서 함부로 경저京邸의 돈을 토색해서 널리 방물장수를 불러 진기한 비단과 가는 모시 베와 고운 삼베와 용을 아로새긴 비녀와 나비 모양의 노리개 등으로 아이들을 요물처럼 꾸미고 여종들을 창기처럼 만들어서 그 어느 집보다도 뛰어나게 하여 한 지방에 빛나고자 한다. 그

러나 식자들은 그것을 보면 이미 그 남편이 바르지 못하다
는 것을 알게 된다. 재물을 낭비하고 복록을 해치면서 남편
의 얼굴을 깎아내리니 무슨 즐거움이 있겠는가?"

다산은 "음식을 사치스럽게 하는 것은 재화를 소모시키고
물자를 탕진하는 것이자 재앙을 부르는 방법이다"라고 하였
다. 그리고 세종 때 인물 조어趙峿의 행적을 예로 들었다. 조
어가 합천군수가 되었는데, 청렴함이 비할 바가 없었다. 일
찍이 군수로 재직할 때 아들과 사위와 노복들이 오가는 경
우 모두 자기 양식을 가져오게 하였다. 또 그 고을에 은어가
잡히는데 여름철에 고기가 비록 썩더라도 처자가 그것을 맛
보는 것을 허락하지 않았다.

부인을 엄격하게 단속하여 청탁과 뇌물이 행해지지 않
도록 하라

다산은 "규문(부인)이 엄숙하지 못하면 집안의 법도가 문
란해진다. 한 가정에 있어서도 이와 같거늘 하물며 관청에
서는 말할 것도 없다. 법을 세워 금하되 우레와 같고 서릿발
같이 해야 한다"라고 하였다. 부인을 엄격하게 단속하라고

한 것은 부인을 통해 청탁이 행해지고 뇌물이 들어오는 것을 막기 위함이다.

호태초는 다음과 같이 말했다. "자제와 문객들은 아전들과 서로 사귀지 못하게 하고, 아전이나 백성들 부녀자들이 드나들며 물건을 사고파는 일이 없도록 해야 한다. 오고가는 사이에 서로 결탁하여 은밀한 약속을 교환하면 재앙이 집안으로부터 생겨날 것이니, 어떻게 구제할 것인가. 일이 부인과 관계되면 분변하기도 쉽지 않은 것이다."

다산은 호태초의 말을 인용하여 부인과 자식을 엄격하게 단속해야 함을 강조하였다. 다산은 "나의 지위가 이미 높아지면 나의 처자부터도 모두 나를 가리어 속이고 저버리는 사람이 될 것이다"라고 하였다. 아내와 자식들이 아전이나 민간의 속된 부류들과 한번 은밀한 약속을 맺게 되면, 그들과 한편이 되어 오히려 남편이자 아버지인 자신을 속이게 된다는 것이다.

4. 병객屛客: 빈객들의 청탁을 물리쳐라

사람들을 관아에 끌어들여 접견하지 말라

병객은 개인적으로 어떤 목적을 가지고 수령을 만나러 온 사람들을 물리치고 만나지 않는 것이다. 수령은 개인적인 용건으로 자신을 찾아오는 사람들을 어떻게 응대하는 것이 좋은가? 다산은 "무릇 본 고을 사람 및 이웃 고을 사람을 관아에 끌어들여 접견해서는 안 된다. 대체로 관청 안은 마땅히 엄숙하고 맑아야 한다"고 하였다. 그리고 다음과 같이 부연하였다.

고을 안에는 반드시 자칭 문사라는 자들이 있어서 과시科詩와 과부科賦로 수령과 교분을 맺고 그것을 인연으로 농간을 부리는 자가 있을 것이니, 그런 사람을 끌어들여 접견해서는 안 된다. 또 풍수와 점쟁이와 관상쟁이와 사주쟁이와 복서卜筮와 파자破字 등 가지가지 요괴하고 허탄한 술수를 가진 자가 수령과 인연을 맺으면 작게는 정사를 문란케 하고 크게는 화를 얻게 될 것이다. 마땅히 천리 밖으로 물리쳐서 그림자조차 가까이 해서는 안 될 것이다.

　수령에게는 많은 권한이 있기 때문에 수령과 교분을 맺어 그것을 인연으로 농간을 부리려고 하는 자가 많다. 수령은 그러한 자들을 관청으로 불러들여서는 안 되고, 그런 자들이 찾아올 경우에는 물리치고 만나지 말아야 한다. 그래서 다산은 혼금閽禁(관청에서 잡인의 출입을 금하는 일)은 엄하게 하지 않으면 안 된다고 하였다. 그리고 다음과 같이 부연하였다. "요즘 사람들은 흔히 중문重門을 활짝 열어 놓는 것을 덕으로 여기지만 이는 덕스러울지언정 정사를 할 줄 모르는 것이다. 내 직책은 목민하는 것이지 손님을 접대하는 것이 아니다. 생전에 한 번도 보지 못한 사람들을 어찌 다 만나볼 수 있겠는가? 문지기에 다짐하기를 '무릇 손님이 문 밖에 이르면 우선 따뜻한 말로 기다리게 하고, 이에 가만히 보고하여 처분을 듣도록 하라'고 하면 실수가 없을 것이다."

친척이나 친구가 관내에 많이 살면 거듭 단단히 단속하여 남의 의심을 받지 말라

목민관이 고향을 다스리거나, 관내에 친척이나 친구가 많은 경우는 어떻게 하는 것이 좋을까? 다산은 "친척이나 친구가 관내에 많이 살면 거듭 단단히 단속하여 남이 의심하고 비방하는 일이 없게 함으로써 서로 좋은 정을 보존하도록 할 것이다"라고 하였다. 친척이나 친구들의 방문은 물리치기 어렵다. 그러나 그들이 수령을 찾아온 목적은 대부분 청탁을 하기 위해서이다. 그러므로 단단히 단속하지 않으면 남의 의심을 받기 십상이다. 만약 수령이 청탁을 받아주게 되면 백성들의 분노가 여기저기서 일어나게 된다.

포증은 합비 사람이었다. 고향 고을을 맡아 다스릴 때에 법을 굽혀 고향 사람들에게 영합하지 아니하니 고향 사람들이 이 때문에 말하기를 "곧은 대나무는 동량이 되고 강한 저울대는 갈고리가 되지 아니한다"고 하였다.

이현보가 안동부사가 되었는데 안동 온 고을이 모두 친척과

세교 집안들이었다. 모두 예로써 만나니 정사에 많은 방해가 되기는 하였으나 공은 이를 무난히 처리하고 한 오라기의 치우친 사정도 용납하지 않으니 사람들도 역시 감히 원망하지 못하였다.

다산은 포증과 이현보의 예를 들어 청탁을 받지 않은 훌륭한 수령의 면모를 제시하였다. 수령이 고향을 맡아 다스리기란 참으로 어려운 것인데, 포증과 이현보처럼 한다면 고향 사람들의 원망을 받지 않을 것이다.

가난한 친구와 궁한 친척은 후하게 대접해야 한다

가난한 친구나 궁한 친척이 갑자기 찾아와 도움을 청하면, 자신의 녹봉을 떼어 도와주는 것 외에 다른 방법이 없으므로 그들을 후하게 대접하기란 결코 쉬운 일이 아니다. 다산은 "가난한 친구와 궁한 친척이 먼 곳에서 찾아오면 마땅히 영접하여 후하게 대접해서 돌려보내야 한다"고 하였다. 그리고 선친 정재원의 말을 인용하여 가난한 친구와 궁한 친척을 잘 대접하기가 어려움을 밝혔다.

가난한 친구와 궁한 친척은 잘 대접하기가 가장 어렵다. 진실로 청렴한 선비와 고상한 벗은 비록 지극히 가난하고 궁할지라도 친구나 친척을 찾아 관부에 이르기를 기꺼워하지 않을 것이다. 나를 방문해 오는 자는 대개 조심성도 없고 어리석거나 구차하고 비루한 사람들이니, 혹 그 얼굴이 밉살스럽고 말조차 맛이 없으며, 혹은 무리한 일을 청탁하고 요구하는 것이 끝이 없으며, 혹은 남루한 옷에 달아빠진 신발에다 이가 득실거리며, 혹은 내가 일찍이 액운을 만나 궁했을 때에는 전혀 불쌍하게 생각하지도 않던 자들이다. 형세가 좋아지니까 아첨하여 붙는 그 정상이 밉살스러워 내가 대접하는 데 온화하고 흡족하게 하기가 극히 어려운 것이다.

조정의 고관이나 상관의 개인적인 부탁을 들어주어서는 안 된다

만약 조정의 고관이나 상관이 사사로이 편지를 보내 부탁을 하면 어떻게 하는 것이 좋을까? 다산은 "무릇 조정의 고관이 사사로이 편지하여 관절로써 부탁하는 것은 들어 시행하면 안 된다"고 하였다. 그리고 송나라의 마준馬遵을 예로 들었다. 마준이 개봉을 맡았을 때 항상 권세가와 호족들의 청탁 때문에 다스릴 수가 없었는데, 손님이 와서 청탁을 하면 잘 대우하면서 거절함이 없다가 손님이 물러간 후에는 한결같이 법대로 결단하였다. 오래되자 사람들은 그에게는 사사로이 청탁할 수 없음을 알게 되고 현에는 드디어 아무 일이 없게 되었다고 한다.

5. 절용節用: 씀씀이를 절약하라

절용은 수령의 으뜸 되는 임무이다

절용은 재물이나 비용을 절약해서 쓰는 것이다. 그렇다면 수령이 씀씀이를 절약해야 하는 이유는 무엇인가? 다산은 "수령 노릇을 잘 하려는 자는 반드시 자애로워야 하고, 자애로워지려는 자는 반드시 청렴해야 하고, 청렴하려는 자는 반드시 검약해야 한다. 절용은 수령의 으뜸이 되는 임무이다"라고 하였다. 그리고 다음과 같이 부연하였다.

배우지 못하고 무식한 자는 겨우 한 고을을 얻기만 하면 방자

하고 교만 사치해져 절제하는 바가 없어 손닿는 대로 함부로 써 버린다. 빚이 많아지게 되면 따라서 반드시 탐욕스럽게 된다. 탐욕하려면 아전과 더불어 일을 꾸미게 되고, 아전과 더불어 일을 꾸미게 되면 그 이득을 나누어야 되며, 그 이득을 나누게 되면 백성의 고혈이 마르게 된다. 그러므로 절용하는 것은 백성을 사랑하는 데에 있어서 먼저 힘써야 할 것이다.

다산은 "의복과 음식은 검소한 것으로써 법식을 삼아야 한다. 조금만 법식을 넘어도 그 씀씀이에 절도가 없어져버린다"라고 하였다. 그리고 조선 전기의 문신 기건奇虔, ?-1460의 행적을 예로 들었다. 기건이 제주 안무사가 되었는데, 성격이 확고하고 청렴하고 신중하였다. 제주에서는 전복이 생산되었는데, 백성들은 전복 채취에 심히 괴로워하였다. 기건은 "백성이 이와 같이 괴로움을 당하는데 내가 차마 이것을 먹으리오" 하고 드디어 전복을 먹지 않으니 사람들이 모두 그 청렴함에 감복하였다고 한다.

관청의 재물을 절약하는 목민관은 드물다

자신의 재물을 아껴 쓰는 것은 어려운 일이 아니고, 공공의 재물을 아껴 쓰는 것은 실로 어려운 일이다. 다산은 "사용私用을 절약하는 것은 무릇 사람마다 능히 할 수 있으나, 공고公庫를 절약하는 이는 드물다. 공물公物 보기를 사물私物처럼 한다면 그가 곧 어진 목민관이다"라고 하였다. 그리고 조선 후기의 문신 정만화鄭萬和, 1614~1669의 행적을 예로 들었다.

정만화는 여러 번 감사를 지냈는데 이르는 곳마다 비축이 충만하고 넘쳤다. 처음에는 약간 남았으나 나중에는 헤아릴 수 없을 만큼 남게 되자 이에 탄식하면서, "내가 빼돌리고 사기치려는 것을 틀어막은 지 1년에 남은 것이 이와 같으니 절약하는 것이 어찌 백성을 사랑하는 근본이 아니겠는가?"라고 하였다.

물건 하나라도 버리지 말고 활용하라

수령은 물건 하나라도 함부로 버려서는 안 된다. 어디에

쓸모가 있을지 곰곰이 생각한다면 반드시 적당한 곳에 사용할 수 있는 것이다. 다산은 "천지가 물건을 낳음은 사람으로 하여금 누려 쓰도록 한 것이다. 물건 하나도 능히 버림이 없게 할 수 있어야 이에 재물을 옳게 쓴다고 할 수 있다"고 하였다. 그리고 조선 중기의 문신 윤현尹晛, 1536-1597의 행적을 예로 들었다. 윤현이 호조판서가 되었는데 무릇 못쓰게 된 자리, 땅위에 까는 자리, 청연포를 모두 창고 속에 저장하니 여러 사람들이 다 그를 비웃었다. 그 후 못쓰게 된 자리는 조지서에 보내어 맷돌에 갈아서 종이를 만들었는데 그 품질이 가장 좋았고, 청연포는 예조에 보내어 야인의 옷띠를 만들었다고 한다.

다산은 "고을 백성이 나무로 송덕비를 만들어 세우거든 마땅히 즉시 뽑아서 관청 창고에 저장하여 두었다가 큰 것은 상사喪事를 당하고도 관이 없는 사람에게 주고 작은 것은 초롱이나 먹이통 등 자그마한 기구들을 만들도록 함으로써 백성의 동산에서 다시는 재목을 색출치 않도록 하는 것이 좋다"고 하였다.

6. 낙시樂施: 덕 베풀기를 즐거워하라

절약만 하고 쓰지 않으면 친척이 멀어진다

낙시는 베풀기를 즐거워하는 것이다. 다산은 5조에서 목민관이 절용할 것을 강조한 바 있다. 그러나 절용에 힘을 쓰다보면 인색해지기 쉽기 때문에, 6조에서 덕을 베풀기를 장려해서 인색해지는 단점을 보완하고자 한 것이다. 다산은 "절약만 하고 쓰지 않으면 친척이 멀어진다. 기꺼이 베푸는 것은 덕을 수립하는 근본이다"라고 하였다. 그리고 다음과 같이 부연하였다. "연못에 물이 괴어 있는 것은 장차 흘러내려서 만물을 적셔주기 위함이다. 그러므로 능히 절약하는 사람은 능히 베풀 수 있게 마련이요, 능히 절약하지 못하는 사람은 베풀지 못하게 마련이다. 창기를 불러 거문고 타고 피리 불고 비단옷 입고 높은 말에 좋은 안장을 타며, 게다가 상관에게 아첨하고 권귀들에게 뇌물 바쳐 비용이 하루에 수만 전을 넘고 1년에 소비하는 돈이 억만 전이나 되고서야 어찌 친척들에게 베풀 수 있겠는가. 아껴 쓰는 일은 기꺼이 베푸는 근본이다. 내가 귀양살이하건서 매양 수령들을 보면

나를 동정하고 도움을 주는 자는 그 의복을 보면 반드시 검
소한 것을 입었고, 화려한 옷을 입고 얼굴에 기름기가 돌며
음탕한 것을 즐기는 수령은 나를 돌보지 않았다.”

가난한 친구와 곤궁한 친척은 힘이 있는 대로 도와주어야 한다

다산은 “가난한 친구와 곤궁한 친척은 힘이 있는 대로 도
와주어야 한다”고 하였다. 그리고 수나라의 명신 방언겸房
彦謙의 행적을 예로 들었다. 방언겸이 경양현령이 되었을 때
옛날부터 가업이 있었으므로 받는 봉급은 모두 친척이나 친
구들을 도와주는 데 쓰고 비록 양식이 떨어져도 화평한 마
음으로 지냈다. 일찍이 그 아들 현령玄齡에게 “사람들은 모두
녹봉으로 부자가 되지만 나만은 벼슬 때문에 가난하게 되었
다. 자손에게 물려줄 것은 청백淸白뿐이다”라고 하였다.

다산은 “나의 창고에 여유가 있어야 바야흐로 남에게 베
풀 수 있다. 관가의 재물을 빼내어 개인을 도와주는 것은 도
리가 아니다”라고 하였다. 그리고 정선의 말을 인용하여 남
을 구제할 때는 때를 놓쳐서는 안 됨을 강조하였다.

여유가 생기기를 기다린 후에 남을 구제하려 하면 반드시 남을 구제할 수 있는 날이 없을 것이요, 여가가 있을 때를 기다려 글을 읽으려 하면 반드시 글을 읽을 수 있는 때가 없을 것이다.

다산은 "자기 봉급을 절약하여 지방 백성들에게 돌아가게 하고 자기 집에서 농사지은 곡식을 풀어서 친척들을 돌보아 준다면 원망이 없을 것이다"라고 하였다.

곤궁한 처지에 놓인 사람이 있으면 반드시 도와야 한다

다산은 "귀양살이하는 사람의 객지 살림이 곤궁하면 불쌍히 생각해서 돌보아 주는 것도 어진 사람이 힘쓸 일이다"라고 하였다. 그러한 인물로 조선 중기의 문신 박대하朴大夏, 1577-1623를 예로 들었다. 박대하가 나주목사가 되었을 때 동계桐溪 정온鄭蘊, 1569-1641이 직언을 하다가 제주도에 귀양가면서 나주를 지나가게 되었다. 박대하는 정온과 하루의 사귐도 없었으나 손을 잡고 눈물을 흘리면서 노자를 후하게 주니 정온이 감탄하고 간 일이 있다.

다산은 "전란을 당하여 몹시 어수선할 때 떠돌아다니며 더부살이하려는 사람을 보살펴 살 수 있게 하는 것이 의로운 사람의 행실이다"라고 하였다. 조선 중기의 문신 강수곤 姜秀崑, 1545-1610이 고창현감이 되었는데 마침 전란(임진왜란) 중이었고, 나라에 크게 흉년이 들어서 사람들이 서로 잡아먹을 정도였다. 그는 계획을 잘 세우고 준비를 잘하여 굶주린 사람들을 구제하였다. 충청도와 전라도 지방의 유랑민이 천여 명이 되었고, 북방에서 온 친척과 친구로서 굶주린 식객이 되는 사람이 하루에 천 명에 이르렀다. 그는 몸소 생활을 검소하게 함으로써 도움을 주어 살려낸 사람이 천여 명이 되었다.

권세 있는 집안을 후하게 섬겨서는 안 된다

다산은 "권세 있는 집안을 후하게 섬겨서는 안 된다"라고 하였다. 그리고 다음과 같이 부연하였다. "권세가 있는 집안에 선물 보내기를 후하게 해서는 안 된다. 내가 은혜를 받았거나 혹은 의뢰하여 서로 잘 지내는 사람에게는 때에 따라서 선물을 보내되 먹는 것 몇 가지를 넘어서는 안 되며, 그 밖에 초피, 인삼, 비단과 같은 값진 물건은 결단코 바쳐서는 안 된다. 왜냐하면 재상으로서 청렴 명석하고 식견이 있는 사람은 받지 않을 뿐만 아니라 또한 나를 비루하고 간사한 사람으로 여길 것이며, 혹 임금 앞에 가서 그 사실을 아뢰어 벌주기를 청할 것이다. 이것은 재물을 잃고 망신까지 당하는 것이니 위험한 일이다. 만약 그 재상이 뇌물을 즐겁게 받고 이로 말미암아 벼슬자리를 끌어올려 주는 사람이라면 그는 오래지 않아 패망할 것이요, 공론이 나를 그의 사인私人으로 지목하여 크게는 연루자가 될 것이고, 작게는 앞길이 막히게 될 것이 필연의 이치이다. 이렇든 저렇든 해만 있고 이익이 없을 것이니 어찌 구태여 이런 일을 하겠는가."

수령이 권세 있는 집안이나 고관대작의 집안을 후하게 섬기지는 않더라도 그들의 청탁을 거절하기는 쉽지 않다. 그러나 그 청탁이 백성들에게 해가 된다면 절대 들어주어서는 안 된다. 다산은 고관대작의 청탁을 거절한 인물로 조선 중기의 도학자로 명성을 날린 신당新堂 정붕鄭鵬, 1469-1512의 행적을 예로 들었다.

정붕이 청송부사가 되었을 때, 재상(당시 좌의정이었음) 성희
안成希顔, 1461-1513이 잣과 벌꿀을 요구하자, "잣나무는 높은 산
꼭대기에 있고 벌꿀은 민가의 벌통 속에 있는데, 태수라는 사
람이 어떻게 이를 얻을 수 있겠습니까?" 하고 대답하였다. 성
희안이 부끄럽게 여기고 사과하였다.

재상의 청탁이 민생을 해친다고 판단하여 거절한 정붕도
대단하고 자신의 행동을 부끄러워하며 사과한 성희안도 대
단하다고 하겠다. 그러나 대부분의 수령들은 자신의 안위와
후일을 위하여 권세 있는 집안을 후하게 섬긴다. 그리고 고
관대작들은 수령이 보낸 물건을 당연히 받아야 하는 것으로
생각한다. 다산은 그러한 예로 정재륜鄭載崙의 『한거만록閑居
漫錄』에 있는 내용을 제시하여 증명하였다.

숙종 병자년1696 겨울에 한 늙은 아전이 대궐에서 돌아와서
그의 처자에게 "요즘 이름 있는 관리들이 모여 온종일 말을
하여도 나랏일의 계획이나 백성을 위한 걱정은 전혀 없고, 다
만 각 고을의 수령이 보낸 물건의 많고 적음과 좋고 좋지 못

함에 대해 논하고 또 어느 수령이 보낸 물건은 극히 정묘하고 어느 수령이 보낸 물건은 자못 우수하다 하니 이름 있는 관리들의 품평이 이러하다면 지방에서 거두어들이는 것이 반드시 늘어날 것이다. 나라가 어찌 망하지 않겠는가" 하고 눈물 흘리기를 그치지 않았다.

제3편
봉공 6조奉公六條

1. 선화宣化: 임금의 교화를 선포하라

윤음을 숨기고 선포하지 않으면 안 된다

선화는 수령이 임금이 내린 교화敎化를 받아 백성들에게 선포하는 것이다. 교화는 사람을 가르치고 이끌어 마음을 움직여 좋은 방향으로 변화시키는 것이다. 다산은 "윤음綸音이 고을에 도착하면 마땅히 백성들을 불러 모아 몸소 읽고 설명하여 임금의 은덕을 알게 하여야 한다"고 하였다. 윤음이란 것은 대개 임금이 백성들을 위해 내리는 것이므로, 윤음이 한 번 내릴 때마다 수령은 마땅히 몸소 읽고 설명하여 조정의 은덕을 널리 알리는 것이 마땅하다. 그러나 임금이 내린 윤음을 숨기고 선포하지 않는 경우가 허다하였다고 한다.

> 매양 보면 윤음이 내려오면 대강대강 옮겨 써서 풍헌風憲과 약정約正에게 주어 버리고 만다. 만약 그중에 조서를 어기고 시행하고 싶지 않은 것이 있으면, 아전과 풍헌, 약정이 숨기고 선포하지 않는다. 세곡稅穀 징수의 기한을 늦추어주는 것이나 환곡을 탕감하는 등과 같은 윤음은 열 번 내리면 감추는 것이 여덟아홉 번이다. 수령의 여러 죄 중에 이 죄가 가장 커서 죽음을 당해도 변명할 말이 없는데도 범한단 말인가?

다산의 이 기록을 보면 조선 후기 19세기 초의 정치적 기강이 얼마나 무너졌는지를 알 수 있다. 수령이 임금의 윤음을 받고도 행하고 싶지 않은 것이 있으면 숨기고 선포하지 않는 것도 중죄에 속하는데, 세곡 징수의 기한을 늦추어주는 것이나 환곡을 탕감하는 등 백성들의 괴로운 삶을 위로하고자 내린 윤음을 열에 여덟아홉은 감춘다고 하니, 임금과 백성에게 저지른 목민관의 죄가 매우 크다고 하겠다.

조정의 명령이 백성들을 위한 것이 아니면 병을 칭탁하고 물러나야 한다

수령은 조정에서 내린 명령을 무조건 받들어야 하는가? 다산은 "조정의 명령이 내려왔는데, 백성들이 즐거워하지 않아 받들어 시행할 수 없으면 마땅히 병을 칭탁하고 관직에서 물러나야 한다"고 하였다. 그리고 그러한 인물로 송나라의 문신 강잠姜潛을 예로 들었다.

강잠이 진류현陳留縣을 맡아서 부임한 지 수개월 만에 청묘령靑苗令이 내려왔다. 강잠이 그것을 현문縣門에 내걸고, 또 각 마을에 붙이게 한 지 삼일이 되어도 찾아오는 사람이 한 사람도 없었다. 그는 드디어 그 방을 떼어 아전에게 주면서 "백성이 원하지 않는다" 하고 곧 병을 칭탁하고 떠나버렸다. 이때 산음山陰의 현령 진순유陳舜兪가 글을 올려 신법新法을 극론하다가 좌천되어 남강군南康軍의 염세鹽稅와 주세酒稅의 감관이 되었더니, 이에 이르러 다시 글을 올려 "청묘법은 아주 편리한 것인데 처음에는 미혹하여 알지 못했다" 하니, 식자들이 그를 비웃었다.

조정에서 내린 명령이라고 해도 백성이 원하지 않으면 시행하지 않고 수령의 자리에서 물러난 강잠은 높은 평가를 받았지만, 백성의 마음은 헤아리지 않고 조정의 명령이라면 무조건 받든 진순유는 지식인들의 비웃음을 받았다.

2. 수법守法: 법을 굳게 지켜라

법을 지킴에 있어 뜻을 굽혀서는 안 된다

수법은 법을 지키는 것이다. 수령은 자신이 맡은 고을에서 법을 집행하는 막강한 권한을 지닌 자이므로 누구보다 법을 지키려는 마음이 확고해야 한다. 그럼에도 불구하고 뜻을 굽혀 법을 어기는 경우가 적지 않았다. 다산은 "확연히 지킬 것을 흔들리지도 말고 빼앗기지도 아니하면 곧 인욕이 물러나고 천리가 흘러 행하여질 것이다"라고 하였다. 그리고 그러한 인물로 조선 초기의 명재상 허조許稠, 1369-1439와 고려 후기의 문신 금의琴儀, 1153-1230를 예로 들었다. 허조는 전주판관으로 있을 때 맑은 절개를 지켜서 굳세고 밝게 일을 처단하였다. 일찍이 스스로 맹세하기를 "법 아닌 것으로 일을 처단하면 하늘이 벌을 내린다非法斷事, 皇天降罰"는 여덟 글자를 작은 현판에 써서 동헌에 걸어 놓았다고 한다. 그리고 금의는 모습이 시원스럽고 그릇과 도량이 매우 컸는데, 그가 경상도 청도군을 다스릴 때에 정사가 굳세고 바르며 법을 지킴에 굽히지 않으니 온 고을 사람들이 그를 '청도철태수淸道鐵太守'라고 불렀다고 한다.

법은 범하는 일이 없어야 하지만, 백성을 이롭게 한다면 다소 변통이 있어도 된다

다산은 "무릇 국법에서 금하는 바와 형률에 실려 있는 바는 마땅히 조심조심 두려워하여 감히 함부로 범하는 일이 없어야 한다"고 하였다. 그러나 그것이 백성을 이롭게 하는 것이라면 얼마간의 변통이 있어야 한다고 하였다. 다음과 같이 부연하였다.

한결같이 곧게 법을 지키는 일이 때로는 너무 구애받는 것이 될 수도 있다. 조금은 출입이 있더라도 백성을 이롭게 할 수 있는 것은 옛사람도 또한 변통하는 수가 있었다. 요컨대 자기의 마음이 천리의 공변됨에서 나왔다면 법이라도 해서 반드시 얽매여 지킬 것은 없으며, 자기의 마음이 인욕의 사사로움에서 나왔다면 법이란 것을 조금이라도 범해서는 안 될 일이다. 법을 범하여 죄를 받는 날에 하늘을 우러러 부끄러움이 없고 땅을 굽어서도 부끄러움이 없다면, 그 범한 것이 반드시 백성을 이롭고 편하게 한 일이니, 이 같은 경우는 다소 출입이 있을 수 있는 것이다.

수령이 법을 수호해야 하는 것은 당연하고 마땅한 일이다. 그러나 다산은 그것이 백성을 이롭게 하는 것과 상충된다면 다소 변통을 해서라도 해결하거나, 그렇지 않으면 관직을 버리고 물러나야 한다고 하였다.

이익에 유혹되어서도 안 되며 위세에 굴복해서도 안 된다
수령이 법을 어기는 경우 중 대표적인 것이 이익에 유혹되는 것과 위세에 굴복하는 것이다. 다산은 "이익에 유혹되어서도 안 되며 위세에 굴해서도 안 되는 것이 수령의 도리이다. 비록 상사가 독촉하더라도 받아들이지 않는 것이 있어야 할 것이다"라고 하고, 조선 중기의 명신 이명준李命俊, 1572~1630의 행적을 예로 들었다. 이명준이 고산찰방이 되었을 때, 고산역이 함경도의 요지에 놓여 있어 역마를 타고 가는 자들이 대부분 법의 한도를 넘어 지나치게 요구하므로 역졸들이 명령을 거역할 수 없었다. 이명준은 법률대로 집행하며 굴복하지 않았다. 비록 감사가 이르러도 반드시 마패대로만 역마를 지급하니 감사가 노하여 들으려고 하지 않거늘, 공이 다투어서 드디어 조정의 명을 청하니, 조정에서는 공을 옳다고 하고 감사를 그르다고 하였다. 오래된 폐단을 고쳤으나 이명준은 끝내 벼슬을 버리고 고향으로 돌아갔다.

3. 예제禮際: 예에 맞게 교제하라

공손함이 예의에 알맞아야 치욕을 멀리할 수 있다

예제는 목민관이 상관을 대할 때 예를 갖추지 않거나 지

나치게 공손해서도 안 되며, 오직 예禮에 맞게 교제하는 것
이다. 다산은 "예로써 교제하는 것은 군자가 신중히 여기는
바이니, 공손함이 예에 가까워야 치욕을 멀리할 수 있다"고
하였다. 그리고 학봉鶴峯 김성일金誠一, 1538~1593을 예로 들었다.
김성일은 본래 굳세고 바르다는 평이 나 있었지만, 수령이
되어서는 매양 상관이 경내에 이르렀다고 들으면 반드시 관
대를 착용하고 공문公門에서 기다렸다고 한다.

만약 수령이 상관을 대할 때 공손함이 지나쳐 자신의 뜻
을 굽히게 되면 어떤 일이 생길까? 스스로 치욕을 초래하는
것은 물론이고, 백성들에게 해를 끼치게 되는 경우가 많다.
다산은 "오직 백성을 위한 일은 상대방이 만약 자애롭지 않
으면, 자신의 뜻을 굽혀 상대방의 뜻을 따라 백성들에게 해
독을 끼치게 해서는 안 된다"고 하였다.

상사의 명령이 법에 어긋나고 민생을 해치면 굽히지 말아야 한다

다산은 "오직 상사가 명령하는 것이 법에 어긋나고 민생
을 해치면 마땅히 의연하게 굽히지 말고 확고하게 자신을

지켜야 한다"고 하였다. 그리고 부연하여 다음과 같이 말하였다.

살피건대 어사御史가 하는 일이나 상사가 하는 일의 나쁜 정사를 수령이 상부에 보고하여 극론할 수 있었으니, 명나라의 이 법은 매우 좋은 것이다. 우리나라에서는 오로지 체통을 보아서 상사가 하는 일이 불법을 마음대로 저질러도 수령은 감히 한마디도 말하지 못하니, 민생의 초췌함이 날로 더욱 심해졌다.

수령은 오직 백성을 위해 존재한다고 해도 과언이 아니다. 그러나 어사나 상관이 불법을 저질러 백성들에게 해를 끼치는데도 감히 한마디 말도 하지 못하는 것이 다산이 살았던 조선 후기 수령의 모습이다.

만약 상사가 자신의 아전이나 군교를 잡아다 다스리는데, 그것이 사리에 어긋날 때 수령은 어떻게 하는 것이 좋을까? 다산은 "상사가 아전이나 군교를 잡아 다스릴 때에는 비록 일이 사리에 어긋나더라도 수령은 순순히 어기지 않는 것이 좋다"라고 하였다. 그러나 상관이 만일 겉으로는 용서하는 체하고 속으로는 오히려 노여움을 품고 있다가 고과의 때를 기다려 장차 가장 낮은 평점을 주려고 하면 즉시 관직을 버리고 집으로 돌아가야 하며 구차스럽게 쭈그리고 앉아서 스스로 욕됨을 취해서는 안 된다고 하였다. 그리고 다음과 같이 말하였다.

사대부의 벼슬하는 법은 버릴 기棄 한 자를 벽에 써 붙이고 아침저녁으로 항상 보아야 한다. 행함에 걸림이 있으면 벼슬을 버리며, 마음에 거슬리는 일이 있으면 벼슬을 버리며, 상사가 무례하면 벼슬을 버리며, 내 뜻이 행해지지 않으면 벼슬을 버려야 한다. 감사로 하여금 내가 벼슬을 가볍게 버릴 수 있는 사람이라는 걸 알게 하고, 사람들이 항상 쉽게 건드릴 수 없다고 여기게 한 후에라야 비로소 수령 노릇을 할 수 있다. 만약 부들부들 떨면서 오히려 자리를 잃을까 두려워하여 당황하고 놀라는 말씨와 표정이 얼굴에 드러나면 상관이 나를 가볍게 여겨 독촉하기를 계속할 것이니, 참으로 그 직책에 오래 있을 수 없는 것이다. 이것은 필연의 이치이다.

전임자가 허물이 있으면 덮어주어야 하지만, 자신의 세력을 믿고 고의로 저지른 잘못은 용서하면 안 된다

다산은 "전임자가 허물이 있으면 덮어주어 드러나지 않도록 하고, 또 전임자가 죄가 있으면 도와주어 죄가 되지 않도록 해야 한다"라고 하였다. 그리고 그러한 인물로 북송北宋 때의 명신 부요유傅堯兪를 예로 들었다. 부요유가 서주徐州를 맡아 다스릴 때, 전임자가 군량미를 축을 낸 것이 있어서 부요유가 대신 보상을 하던 중에 채 끝내기 전에 파직되었다. 그런데도 부요유는 끝내 변명하지 않았다. 소강절邵康節이 말하기를 "흠지여! 맑으면서도 빛나지 않고, 곧으면서도 격하지 않으며, 용감하면서도 능히 온화하구나. 이것은 어려운 것이로다"라고 하며 칭송하였다.

그러나 전임자가 자신의 세력을 믿고 고의로 잘못을 저지른 경우는 어떻게 해야 할까? 다산은 다음과 같이 말하였다.

혹 전임자가 세력 있는 집안이나 호족과 관계가 있어 강한 자를 믿고 약한 자를 능멸하여 일처리가 이치에 어긋나고 뒷일을 생각하지 않는 자에게는, 내가 그를 대응할 때 반드시 강경하고 엄격하게 하여 조금도 굽혀서는 안 된다. 비록 이 때문에 죄를 얻어 평생토록 불우하게 지내더라도 머뭇거려서는 안 된다.

백성이 편안하다고 일컬으면 그가 바로 훌륭한 수령이다

다산은 "대체로 정사의 관대한 것과 가혹한 것, 명령의 득과 실은 서로 이어받고 서로 변통해가며 그 잘못된 점을 구제해야 한다"라고 하였다. 다산은 포증의 뒤를 이어 송나라의 수도 개봉을 다스렸던 구양수歐陽脩의 행적을 예로 들었다.

구양수가 개봉부를 맡았는데, 전임자인 포증의 위엄 있는 정사를 대신하여 그는 간이하게 순리를 따를 뿐 혁혁한 명성을 구하지 않았다. 포증의 정치를 그에게 권하는 사람이 있었는데, 구양수는 "대개 사람의 재능과 성품은 서로 달라서 자기의 장점을 살리면 일의 성과가 나타나지 않을 것이 없으며, 자기의 단점을 억지로 하면 일이 반드시 되지 않을 것이니, 나 또한 나의 능한 대로 할 뿐이오" 하였다. 구양

수가 여러 군을 거치면서 치적을 구하지 않고 관대하고 간략하며 시끄럽지 않은 것에 뜻을 두었기 때문에 그가 벼슬살이 한 곳이 큰 군이었지만 부임한 지 보름에 벌써 일이 열 중에 대여섯 가지가 줄어들고, 한두 달 후가 되면서 관청이 마치 절간과 같이 조용해졌다. 그는 일찍이 "백성을 다스리는 것은 병을 치료하는 것과 같다. 백성을 다스리는 데 있어서 관리의 재능 여부와 서책의 여하를 물을 것이고, 다만 백성이 편안하다고 일컬으면 곧 그가 훌륭한 수령이다"라고 하였다.

4. 문보文報: 공문서 작성은 본인이 하라

공문서는 자신이 써야지 아전의 손에 맡기면 안 된다

문보는 요즘의 공문서와 같다. 본래 공문서는 수령이 작성하는 것이다. 그러나 아전에게 맡기는 일이 허다하였다. 공문서 작성이 아전의 손에 넘어가게 되면 온갖 비리와 부정이 이로부터 생겨난다. 다산은 "공적으로 보내는 문서는 마땅히 정밀하게 생각해서 스스로 써야 한다. 아전들의 손

에 맡기면 안 된다"고 하였다. 그리고 다음과 같이 부연하
였다.

한위공은 행정실무에 근면하여 장부나 문서를 살피고 따지
는 일을 모두 자신이 직접 하였다. 좌우에서 누군가 "공은 지
위도 높고 나이도 많으며 공로와 명성이 높으시기에 조정에
서 한 고을을 맡아 휴양하도록 한 것입니다. 사소한 일까지
몸소 하지 마시기 바랍니다"라고 말하였다. 그가 "내가 번거
롭고 수고로운 것을 싫어하면 아전과 백성들이 폐를 입을 것
이다. 또 녹봉이 하루 만 전인데 일을 보지 않으면 내가 어찌
편안할 수 있겠느냐?" 하였다. 명성과 지위가 자못 높은 사람
들이 고을을 맡게 된 경우 대체만 파악하고 사소한 일은 친히
하지 아니하고, 오직 풍악으로 스스로 즐기려고만 하니 이것
이 옳겠는가?

다산은 송나라의 명재상 한기의 언행을 예로 들어 수령이
편하고자 하면 그만큼 아전이 피곤하게 되고 백성들은 큰
피해를 입게 된다고 하였다.

도적의 옥사에 관한 문서는 마땅히 그 봉함을 비밀스럽게 해야 한다

다산은 "인명人命에 관한 문서는 마땅히 그것이 지워지고 고쳐질까 염려해야 하며, 도적의 옥사에 관한 문서는 마땅히 그 봉함을 비밀스럽게 해야 한다"고 하였다. 그리고 부연하여 "도적 중에 큰 놈은 일당이 널리 퍼져 있으니 군교나 형리들이 그들의 눈과 귀가 아닌지 어떻게 알겠는가. 탐문 수색하는 데 대한 문서는 응당 비밀로 하여 거듭 봉해서 밖으로 새어나가지 못하도록 해야 할 것이다"라고 하였다. 다산은 자신이 장기에 유배되었을 때 목격한 사건을 예로 들어 사람의 목숨이 달려 있는 문서는 매우 신중하게 처리해야 함을 강조하였다.

내가 장기長鬐에 귀양 가 있을 때, 한 아전이 살인한 사건을 보았다. 여러 아전들이 짜고서 간계를 부려 검시한 문서를 전부 고쳐버렸다. 감영에서 회제回題(회답해 보낸 글)가 오니 현감은 깜짝 놀라고 의심하였으나 헤아리지 못하였고, 마침내 간악함을 밝히지 못하고 살인범을 석방하고 말았다. 현감이 본 것은 서목書目이었을 뿐이다. 대개 감영의 회제가 내가 보고한 것과 상반된 경우는, 매번 감영에 가서 마땅히 본래의 문서를 찾아서 읽어 보아야 한다. 단지 의심만 품고 그쳐서는 안 된다.

5. 공납貢納: 세금 징수와 납부에 만전을 기하라

아전의 부정을 잘 살펴야 한다

공납은 백성들이 바치는 것을 정부에서 거두어들이는 것이다. 우리나라에서는 지방에서 나는 토산물을 현물로 내는 세금제도를 공납이라 한다. 다산은 "재물은 백성으로부터 나오는 것이며 이것을 받아서 나라에 바치는 것은 목민관이다. 아전의 간교함을 잘 살피기만 하면 비록 관대하게 하여도 피해가 없을 것이다. 그러나 아전의 간교함을 살피지 못하면 비록 엄하게 하더라도 아무 이익이 없다"고 하였다. 또 "전조田租나 전포田布는 국가의 재정에 반드시 필요한 것이다. 넉넉한 집부터 징수하여 아전이 횡령하는 것이 없게 해야만 기한에 맞출 수 있다"고 하였다. 그리고 고려 때의 명관 왕해王諧, ?-1246의 행적을 예로 들었다.

왕해가 영남 안찰사로 나갔는데 도민 모두가 두려워하여 복종하였다. 최이崔怡의 아들인 스님 만종萬宗과 만전萬全이 쌀 50여만 석을 쌓아놓고 백성들에게 이식을 취하였는데, 그가 측근들을 내보내 매우 가혹하게 징수하여 백성들이 소유한 것을 모조리 바쳤기 때문에 조세를 바치지 못하는 일이 잦았다. 이에 왕해가 "백성들이 조세도 바치기 전에 먼저 사채를 독촉하는 자는 죄를 주겠다"고 영을 내리니, 이에 만종과 만전의 무리들이 감히 함부로 굴지 못하였고, 조세가 때에 맞추어 납부될 수 있었다.

만종과 만전은 무신정권의 실권자 최이의 아들로 온갖 부정과 악행을 저지르던 자들이었다. 그들의 만행을 막을 자가 없었는데, 왕해가 안찰사가 나가 아전들을 엄격하게 단속하여 그들의 만행을 막았다. 훌륭한 목민관의 가치는 이와 같다.

상사가 새로 요구하는 것을 막고, 마련하기 어려운 것은 거부해야 한다

다산은 "공물로 바치는 토산물은 상사가 배정한다. 예전부터 있던 법식을 각별히 이행하여 새로 요구하는 것을 막아야만 폐단을 없앨 수 있다"고 하였다. 또 "잡세나 잡물을 가난한 백성들은 매우 고통스러워한다. 쉽게 얻을 수 있는 것만 납부하도록 하고 마련하기 어려운 것은 거절해야 허물이 없는 것이다"라고 하였다. 수령이 상사의 눈치를 보느라 상사가 새롭게 요구하는 것을 받아들이면 그로부터 백성들의 고통은 시작되는 것이다. 그러므로 마련하기 어려운 것은 마땅히 거부해야 한다.

이치에 어긋난 일을 강제로 배정하면 파직을 당할지라도 굴복해서는 안 된다

다산은 "상사가 이치에 어긋난 일을 강제로 고을에 배정하면 수령은 마땅히 이해利害를 두루 진술하고 받들어 행하지 말아야 한다"고 하였다. 그리고 자신이 경험한 일을 예로 들었다.

가경 무오년1798 겨울에 조세의 현물 수납이 이미 반이나 끝
났는데, 상사(선혜청)에서 관문關文을 보내어 좁쌀 7천 석을 현
금으로 납부하라고 독촉하였다. 그것은 본래 서울 관아에서
임금께 아뢰어 허락을 얻고서 관문을 띄운 것이지만 나는 그
럴 수 없다고 고집하여 그대로 현물로 수납하고 창고를 봉하
였다. 서울 관아에서는 나를 죄줄 것을 청하였으나 정조正祖
께서 감사의 장계를 보고는 '잘못은 서울 관아에 있고 정약용
은 죄가 없다'라고 하였다. 사표를 내고 돌아가려다가 마침
저보邸報를 받아보고는 이에 그만두었다.

이는 다산이 곡산부사로 재직할 때 있었던 일로 훌륭한
목민관의 전형을 보여주는 행적이다. 다산은 "강제로 배정
하는 명령은 거의 다 따르기 어려운 것이다. 혹은 고르지 못
한 요역을 징발하고 혹은 마련하기 어려운 물건을 요구하고
혹은 납부물을 퇴짜 놓고는 다른 물건을 사 바치게 하면서
싼 것을 비싸게 팔고 혹은 백성을 뽑아 잡역을 시킴에 가까
운 지방은 그냥 두고 먼 지방에 배정하는 등 가지가지로 이
치에 맞지 않아 받들어 행할 수 없는 것이면 사리를 낱낱이

보고하되 그래도 들어주지 않으면 그 때문에 파직을 당할지라도 굴복해서는 안 된다"고 하였다.

6. 왕역往役: 차출 파견되었을 때도 최선을 다하라

자신에게 주어진 일을 회피해서는 안 된다

왕역은 다른 곳으로 차출되어 가서 일하는 것이다. 오늘날의 공직자 파견근무와 비슷하다. 예나 지금이나 파견근무를 나가라는 상사의 지시를 받으면 순순히 따르려고 하지 않는 것이 인지상정이다. 그러나 다산은 "상사가 차출해서 파견하면 순순히 받들어 행하는 것이 마땅하다. 일이 있다거나 병을 핑계해서 스스로 편한 것을 꾀하는 것은 군자의 의로움이 아니다"라고 하였다. 그리고 다음과 같이 부연하였다. "상부에서 차출하여 나를 왕역하게 했을 때 내가 사양하여 면하면 다른 사람에게 차출이 옮겨지게 된다. 그것을 대신 맡게 된 사람이 원망하지 않겠는가. 자기가 하고 싶지 않은 일을 다른 사람이 하게 하지 말라. 만약 실제로 사유가 없으면 순응해서 어김이 없는 것이 옳다. 무릇 차출되어 딴

일에 파견되면 마땅히 진심으로 직분을 다하여 하루의 책임을 다할 것이지 마지못해 해서는 안 된다.”

차출되어 일하는 경우라도 최선을 다해서 백성들의 인심을 얻어야 한다

다산은 “조운漕運(배로 화물을 실어 나름)의 출발을 감독하는 차원差員(파견된 관리)이 되어 창고로 가서 잡비를 덜어 주고 아전들의 침탈을 금지하면 칭송하는 소리가 길에 가득할 것이다”라고 하였고, “제방을 수리하고 성을 쌓는 일에 차원으로 가서 감독하게 되면 기쁘게 백성들을 위로하여 인심을 얻도록 힘써야 일이 성공할 것이다”라고 하였다. 목민관은 차출되어 파견근무를 나갔을 때에도 자신의 소임을 견지하여 아전들의 침탈을 막고 백성들을 위로하여 백성들의 인심을 얻어야 한다. 다산은 송나라의 대유大儒 정호의 행적을 예로 들었다.

정백자程伯子가 현령이 되어 부역을 감독함에 있어 심한 추위와 뜨거운 햇빛 아래서도 갖옷을 입거나 일산을 바치는 일이 없었다. 때때로 공사장을 돌아보아도 사람들은 그가 오는 것을 알지 못했다. 그래서 사람마다 힘껏 일하여 언제나 기한 전에 일을 끝내었다. 선생은 기상이 맑고도 공손하여 속세 밖에 있는 것 같았고 노고를 이겨내지 못할 것 같았다. 그러나 일을 당하면 항상 미천한 사람들과 기거와 음식을 같이하고 사람들이 감당하기 어려운 일들도 대처함에 여유가 있었다. 어느 땐가는 일꾼들 가운데 밤중에 떠드는 사람이 많아서 한 사람이 놀라게 되면 여러 사람이 다투어 일어나고 간악한 사람이 그 틈을 타서 도둑질하는 일이 셀 수 없었다. 선생이 이들을 군율에 의하여 다스리니 드디어 떠드는 사람이 없게 되었다. 공사가 끝나고 일꾼들이 해산할 때도 그 대열은 평상시와 같이 정연하였다.

<h1 align="center">제4편</h1>

<h2 align="center">애민 6조愛民六條</h2>

1. 양로養老: 노인을 잘 봉양하라

양로를 잘 하려면 먼저 백성의 괴로움과 질병을 물어야 한다

양로는 노인을 잘 봉양하는 것이다. 다산은 "양로의 예에는 반드시 말을 구하는 절차가 있으니, 백성의 괴로움과 질병을 물어서 양로의 예禮에 합당하도록 해야 한다"고 하였다. 그리고 장현광張顯光, 1554-1637의 행적을 예로 들었다.

여헌 장현광이 보은報恩 현감이 되어 부로父老들과 초하루와 보름날에 모이기로 약속하고, 그들에게 백성들의 괴로움과 잘못된 것들을 말하게 하여, 보완하여 바로잡았다. 그리고 효도와 우애를 돈독히 하며 염치를 힘쓰고 덕행을 존중하고 나쁜 풍속을 물리쳤다.

장현광은 노인을 봉양할 때 먼저 고을의 부로들을 만났다. 매달 1일과 15일에 만나 그들이 겪는 괴로움과 잘못된 점을 묻고 그것을 바로잡았다. 그리고 효도, 우애, 염치, 덕행을 존중하는 풍속을 만들기 위해 노력하였다. 이것이 양로의 근본이라 하겠다. 노인들에게 금전과 물품을 주는 것은 근본을 행한 후에 시행할 일이다.

노인을 우대하는 혜택을 시행한다면 백성들이 노인을 공경할 줄 알 것이다

목민관은 먼저 노인을 우대함으로써 노인을 공경하는 사회적 분위기를 일으켜야 한다. 다산은 "때때로 노인을 우대하는 혜택을 시행한다면 백성들이 노인을 공경할 줄 알 것이다"라고 하고, 다음과 같이 부연하였다. "한번 생각해보

자. 비록 큰 고을이라 하더라도 80세 이상 된 노인은 불과 수십 명일 것이고, 90세 이상 된 노인은 수 명에 불과할 것이다. 소용되는 쌀도 두어 섬에 불과하고 고기도 60근에 불과할 것이니, 이것이 어찌 쓰기 어려운 비용이겠는가? 기생을 끼고 광대를 불러서 하룻밤을 즐기는 데 만전萬錢을 가볍게 던지는 사람이 수두룩하다. 이를 선비들이 꾸짖고 백성들은 저주하며 그 방탕한 향락을 미워함이 이보다 더 심한 것이 없다. 이것이 소위 재물을 없애면서 원망을 사는 것이다. 감사는 듣고 치적으로 평가하지 않을 것이며 자손들이 보고는 행장에 싣지 않을 것이니 천하에 낭비하고 헛되이 버리는 것이 이런 일이 아니겠는가? 어찌 그 반액이라도 떼어 양로의 예에 쓰는 것만 같겠는가? 옛날 영조 때에 수령이 양로의 예를 연례年例로 거행하였는데, 40여 년이 지난 지금 이 일을 일절 듣지 못하였으니, 닦아서 다시 시행할 것이며 그만둘 수 없는 것이다."

2. 자유慈幼: 어린이를 사랑하라

어린이를 사랑하는 것은 선왕들의 큰 정사였다

자유는 버려진 아이를 사랑하고 돌보아 주는 것이다. 다산은 "어린이를 사랑하는 것은 선왕들의 큰 정사였으니 역대로 이를 수행하여 아름다운 법으로 삼았다"라고 하였다. 그리고 다음과 같이 부연하였다. "송나라 제도에 군현마다 자유국慈幼局을 세웠다. 무릇 가난한 집에서 자식을 기르지 못하고 내버릴 경우에는 그 아이를 안고 자유국에 데려오도록 하여, 그 생년월일을 쓰고 자유국에서 유모를 두어 길렀다. 다른 사람 집에서 혹시 자녀가 없으면 곧 자유국에 와서 데려다 기르도록 하였더니, 흉년이 들어도 길가에 아이를 내버리는 자가 없었다."

버려진 자식이 있으면 거두어 길러주어야 한다

다산은 "백성이 이미 곤궁하면 자식을 낳아도 거두지 못하니 그들을 타이르고 아이들을 길러서 내 자식처럼 보호해야 한다"라 하고, 또 "흉년 든 해에는 자식 내버리기를 물건

버리듯 하니 거두어주고 길러주어 백성의 부모 노릇을 해야 한다"고 하였다. 목민관은 백성이 부모처럼 의지하는 존재이다. 그러므로 부모가 어쩔 수 없어 버린 자식을 거두어 길러주는 것도 목민관이 마땅히 해야 하는 일이다. 다산은 "우리나라 법에도 거두어 기른 아이를 자식으로 삼거나 노비로 삼는 것을 허락하였으니, 그 조례가 상세하고도 치밀하다"라고 하였다. 이처럼 조선 시대에는 버려진 아이를 거두어 기를 때 자식으로 삼거나 노비로 삼는 것이 법으로 허용되었다. 그러나 실상은 그렇지 않았다. 그 일을 실천에 옮기는 경우는 드물었다. 다산은 자신이 경기암행어사 시절에 목격한 것을 다음과 같이 기록하였다.

전일 내가 경기도 암행어사가 되었을 때1794년, 정조 18 선왕(정조)께서 영춘헌迎春軒에서 접견하셨다. 임금께서 버려진 아이들을 거두어 기르는 것에 관해 가엾고 애처롭게 여기는 것이 간절하였다. 내가 각 고을을 다니면서 가만히 살펴보니 한 사람도 임금의 뜻을 받들어 펴는 자가 없었다. 목민관이 자신의 직분을 다하여 하지 않은 것이 오래되었다.

3. 진궁振窮: 곤궁한 사람을 구제하라

처지가 곤궁한 사람은 반드시 도와주고, 결혼하지 못한 사람은 결혼을 시켜주어야 한다

진궁은 처지가 곤궁한 사람들을 구휼하는 것이다. 다산은 "홀아비, 과부, 고아, 늙어서 자식 없는 사람을 사궁四窮이라 하는데, 이들은 곤궁하여 스스로 일어날 수 없고, 남의 도움을 받아야 일어설 수 있다"고 하였다. 또 "과년하도록 결혼을 못한 사람은 관아에서 마땅히 혼인을 시켜 주어야 한다"고 하였다. 그리고 명나라 이곤李昆의 행적을 예로 들었다. 이곤이 감숙 지방을 순무하는데, 그 지방이 오랑캐와 가까워서 혼인에 재물을 논하는 일이 많았다. 군인으로서 가난하여 장가들지 못한 자를 이곤이 각 부대에서 1천여 명을 조사해내어 헤아려 은과 옷감을 지급하여 도와주었다. 후에 이곤이 돌아가게 되자 전송하는 이들이 아내와 자식을 데리고 길에 엎드려 울었는데, 모두가 그가 옛날에 짝을 지어 준 사람들이었다고 한다.

다산은 "해마다 음력 정월이면 과년하여도 혼인하지 못한 자를 가려내어 음력 2월에는 성혼시키도록 한다"고 하였다. 그리고 부연하여 다음과 같이 말하였다. "고을 안의 남자는 25세, 여자는 20세 이상 된 자를 골라서 부모 친척이 있고 재산이 있는 경우에는 독촉하여 성혼토록 하되 태만한 자는 벌을 준다. 친척이 전혀 없고 재산도 없는 자에게는 마을에서 덕망 있는 사람을 뽑아 중매꾼이 되게 하여 배필을 구하여 성혼하도록 하되, 관에서 돈 또는 포목 약간을 내어서 도와주고, 도포·사모·띠·신·초롱·원삼 등을 빌려주도록 한다. 혹 부자와 가난한 집이 결혼하거나 혹은 궁한 두 집이 결혼하는 경우에는 수령이 한 번 권장하는 것이 일반인이 백 번 말하는 것보다도 나을 것이니, 어찌 말 한마디를 아껴서 이런 좋은 음덕을 심으려 하지 않겠는가."

4. 애상哀喪: 상을 당한 이를 보살펴 주어라

상을 당한 사람은 부역을 면해 주고 지극히 곤궁한 백성이 상을 당하면 관아에서 도와주어야 한다

애상은 상을 당한 사람을 불쌍히 여기는 것이다. 다산은

"상을 당한 사람에게 부역을 면해 주는 것이 옛날의 도이다. 수령이 스스로 할 수 있는 것은 모두 줄여주는 것이 좋다"고 하였다. 또 "지극히 곤궁하고 가난한 백성이 있어 죽어도 염 습을 하지 못하고 구덩이에 버리려는 자가 있을 때에는 관 아에서 돈을 주어 장사 지내도록 한다"고 하였다. 다음과 같 이 부연하였다.

『시경』에 "길 가다가도 죽은 사람을 보면 묻어준다"고 하였으 니 길을 가는 이도 그러한데 하물며 백성의 부모가 된 수령이 겠는가? 평소에 마땅히 민간에 영을 전하여 "만약 이런 사실 이 있거든 관에 즉시 보고하도록 하고, 그 이웃이나 친척으로 서로 도울 수 있는 자가 있는 경우에는 관에 상의할 것 없이 상의하여 거두어 매장하게 하고, 서로 돕지도 않고 또 보고하 지도 않으면 처벌이 있을 것이다"라고 할 것이다.

측은한 마음을 견딜 수 없거든 즉시 도와주고 다시 생 각하지 마라

곤궁하고 불쌍한 처지에 놓인 사람을 보면 측은한 마음을 가지는 것이 인지상정이지만, 당장 실행에 옮겨 도와주는 사람은 드물다. 그것은 뒷일을 감당하기가 부담스럽거나 귀찮기 때문이다. 목민관은 어떻게 해야 할까? 다산은 "혹시 비참한 일이 일어나 눈에 띄어 측은한 마음을 견딜 수 없거든 즉시 마땅히 구휼을 베풀고 다시 헤아리지 말 것이다"라고 하였다. 그리고 북송 때의 명재상 범중엄의 행적을 예로 들었다.

범문정공范文正公이 빈주邠州의 태수가 되었는데, 한가한 날에 요속僚屬(계급이 아래인 동료)들을 거느리고 누각에 올라 술자리를 열었다. 아직 술잔을 들지 않았을 때 상복을 입은 몇 사람이 상구喪具를 마련하고 있는 것을 보았다. 그는 급히 명령하여 그 사연을 물으니, 그곳에 기거하고 있던 선비가 빈邠 땅에서 죽어 장차 근교에 임시 매장하려 하는데 봉賵(상가喪家에 거마車馬를 부조하는 것)·렴斂·관棺·곽椁 등을 모두 갖추지 못하였다. 그는 쓸쓸히 술자리를 거두고 부의를 후하게 주어 그 일을 끝내게 하니 같이 있던 사람들도 감탄하였고, 그중에는 눈물을 흘리는 자도 있었다.

5. 관질寬疾: 병든 사람에게는 너그럽게 대하라

불구자와 중병 환자에게는 신역身役을 면제해 주어야 한다

관질은 병이 든 사람에게는 너그럽게 대해주는 것이다. 다산은 "불구자와 중병 환자에게는 신역을 면제해 주어야 하는데 이것을 관질이라고 한다"라고 하였다. 그리고 다음과 같이 부연하였다.

요즘 수령들은 혹독하고 인자하지 못하다. 어떤 시골 아낙이 젖먹이를 안고 관가 뜰에 와서 "이 애가 부엌에서 불에 데어 지금 이미 팔다리를 쓰지 못하니 새로 배정된 선무군관選武軍官에서 관대히 면제해 주시길 빕니다"라고 호소하면, 수령은 "밭 가운데 허수아비보다야 낫지 않느냐"고 하면서 들어주지 않는다. 슬프다. 수령이 이와 같고도 백성을 다스리는 사람이라 할 수 있겠는가? 무릇 장님과 벙어리와 절름발이와 고자들은 장부에 첨정簽丁(장정을 군적에 올려 기록함)해서는 안 되고 잡역을 시켜서도 안 된다.

선무군관이란 조선 후기 1751년에 균역법의 시행에 따라, 이전까지는 군역이 면제되었던 일부 계층의 자녀들을 군역에 포섭하기 위해 설치한 군관을 말한다. 다산은 "곱사등이나 불치병자들이 자력으로 살아갈 수 없는 경우는 의탁할 곳과 살아갈 길을 마련해 주도록 한다"고 하며 목민관은 병이 든 사람과 불구자가 살아갈 수 있도록 배려해주어야 함을 역설하였다.

전염병이 유행하면 피하지 말고 어루만지고 치료해주어야 한다

전염병이 창궐하면 자신도 전염될까 두려워 몸을 피하는 것이 일반적이다. 그러나 백성을 자식처럼 돌보아야 하는 목민관은 그래서는 안 된다. 다산은 "염병이 유행하면 민간의 풍속은 꺼리는 것이 많다. 이를 어루만지고 치료해주어 두려워하지 않도록 해주어야 한다"고 하였다. 그리고 허적許積, 1610-1680과 유혁연柳赫然, 1616-1680의 행적을 예로 들었다. 영의정 허적은 진휼청제조賑恤廳提調로 있을 때 몸소 염병 수용소에 가서 환자들을 살펴보고 사망자를 매장하는 일을 감독하였다. 숙종 때의 장군 유혁연도 염병을 두려워하지 않았다. 서지西池 부분에 전 가족이 염병으로 몰사한 집이 있었는데 거두어 묻어 줄 사람이 없으므로 유혁연이 직접 그들을 염해 주었다고 한다.

다산은 "염병과 천연두 및 여러 민간 병으로 요사하는 천재가 유행할 때는 마땅히 관아에서 구조하여야 한다"고 하였다. 그리고 자신이 경험한 일을 예로 들었다.

내가 강진에 있을 때인 가경 기사년1809과 갑술년1814에 큰 기근을 만났고, 그 이듬해 봄에 염병이 크게 유행하였다. 나는 성산자聖散子 처방을 백성들에게 전하여 살려낸 사람이 또한 그 수를 헤아릴 수 없다. 혹 포부자炮附子를 쓰면 영험이 없고 반드시 생부자生附子를 써야 곧 신기한 효험이 있다. 수령으로 있는 사람이 만약 염병이 유행하는 때를 만나면 수만 전의 비용을 써서라도 이 성산자 약을 많이 제조하여 의술에 밝은 아전을 시켜 싼 값에 팔게 하면 널리 구제할 수 있을 것이다. 그 값이 본래 싼 것이니(한 첩이 7푼에 불과하다) 비록 가난한 백성이라도 복용하기 어렵지 않을 것이다.

독감 등으로 사망자가 많을 때 도움을 준 사람에게 포상을 주도록 청해야 한다

다산은 "유행병이 돌면 사망자가 아주 많이 생긴다. 구호하고 치료하고 매장해 준 사람에게 포상해 주도록 청하여야 한다"고 하였다. 조선 시대에 독감이 한번 창궐하면 많은 사람이 목숨을 잃었다. 다산은 자신이 곡산부사 시절에 경험한 일을 예로 들었다.

가경 무오년1798 겨울에 독감이 갑자기 성행하여 죽은 자가 셀 수 없었다. 조정에서 부유한 백성을 시켜 구호, 치료, 매장하게 하고 그 부유한 백성에게 3품과 2품의 품계를 내린다고 하였다. 내가 곡산도호부사로 있을 때 윤음으로 효유한 바이에 응한 자가 5명이 있었다. 일을 마친 다음 상사에게 일일이 보고하니 상사는 "다른 고을에서 받들어 행한 자가 없으므로 한 고을 백성만을 유독 상주할 수 없다" 하고 드디어 중지시키고 조정에 보고하지 않았다. 나는 즉시 승정원에 보고를 띄워 아뢰었다. "이 다음부터는 윤음의 성지를 백성들이 믿지 않을 것입니다. 이것은 작은 일이 아니니 마땅히 경연에서

임금께 아뢰는 것이 옳습니다. 만일 그렇지 않으면 내가 장차
상경하여 상소하겠습니다." 승정원에서 임금께 아뢰니, 임금
은 크게 놀라 감사에게 2등 감봉조치를 하고 그 5명의 백성에
게는 모두 품계를 내려주었다.

6. 구재救災: 재난 당한 사람을 구제하라

재난을 당한 사람을 구제할 때는 신속하게 해야 한다

구재는 재난을 당한 백성들을 구제하는 것이다. 재난 구
제에 있어 가장 중요한 것은 무엇인가? 다산은 "무릇 재해
와 액운이 있으면 불타는 것을 구제하고 물에 빠진 것을 구
해내기를 마땅히 자기 집이 불타고 자신이 물에 빠진 것같
이 하여야 하며 느릿느릿하게 해서는 안 된다"고 하였다. 그
리고 소식蘇軾의 행적을 예로 들었다. 송나라의 소식이 밀주
에서 서주로 옮겼는데, 그때에 황하의 물이 터져 물이 성 밑
으로 들어왔다. 그러나 부유한 사람들이 성이 무너지는 줄
알고 다투어 대피하느라 야단이었다. 소식은 "내가 여기에
있는 한 성이 무너지게 하지 않겠다" 하고, 그들을 다시 성

안으로 들어오게 하고 몸소 지팡이를 짚고 현장을 지휘했다. 병영에 가서 그 졸장卒長을 불러서 "비록 황제를 호위하는 군인일지라도 나를 위해 힘을 다하라"고 했다. 졸장은 "태수께서 진흙구덩이를 피하지 않으시는데 우리가 감히 목숨을 바치지 않을 수 있겠습니까"라고 했다. 소식은 즉시 병사들을 인솔하여 짧은 옷과 맨발에 삼태기와 삽을 들고 나가 동남으로 긴 제방을 쌓되 희마대戲馬臺에서 시작하여 끝이 성에 닿게 하니 이에 백성들이 안심하였다.

재난을 예방하는 것은 재앙을 당하고 은혜를 베푸는 것보다 나은 것이다

재난이 일어나면 신속하게 재난을 당한 사람을 구제하는 것이 중요하다. 그러나 그보다 더 중요한 것은 재난이 일어나지 않게 예방하는 것이다. 다산은 "환란이 있을 것이라 생각하고 미리 예방하는 것은 이미 재앙을 당하여 은혜를 베푸는 것보다 나은 것이다"라고 하였다. 그리고 조선 중기의 문신 이명준의 행적을 예로 들었다. 이명준이 서원西原 현감이 되었을 때 그 고을이 큰 하천과 가까이 있어 항상 수해의 우려가 있었다. 어느 날 저녁에 물새들이 관아의 뜰에 모여들므로 그가 "이것은 물난리가 일어날 징조이다" 하고 아전과 백성들에게 수해에 철저히 대비하도록 하였다. 얼마 지나지 않아서 장마로 물이 크게 불어 성안으로 들어와 초가집들을 휩쓸어 갔으나 백성들은 준비에 힘입어 전부 살아날 수 있었다고 한다.

재해가 이미 물러가면 백성을 어루만져 주고 안정시켜 주어야 한다

재해를 극복하기 위해서 노력하는 것은 물론이고, 재해가 물러간 뒤에 백성들을 위로하고 보살펴주는 것도 목민관이 해야 하는 중요한 일이다. 다산은 "그 재해가 이미 물러가면 백성을 어루만져 주고 안정시켜 주어야 하니 이 또한 목민관의 어진 정사다"라고 하였다. 그리고 이서구李書九의 행적을 예로 들었다.

판서 이서구가 평양의 부윤이 되었을 때 평양에 불이 났는데, 관청과 민가로 불이 번져 거의 다 타버렸다. 이때 이서구의 일처리가 방도가 있었고 집 짓는 데도 법도가 있어, 관청 건물 수십 채와 민가 만여 호가 일시에 문득 새롭게 되고, 백성들이 망하여 뿔뿔이 흩어지는 자가 없었다. 백성들은 오늘에 이르기까지 여전히 그의 은혜를 사모하고 있다.

제5편
이전 6조 吏典六條

1. 속리束吏: 아전을 잘 단속하라

아전을 단속하는 근본은 자기 자신을 규제함에 있다

속리는 아전을 단속하는 것이다. 다산은 "비록 학문이 크고 넓다 하더라도 아전을 단속할 줄 모르는 자는 백성의 수령이 될 수가 없다"고 하였다. 그렇다면 교활하고 노회한 아전들을 잘 단속하는 비결이 있을까? 다산은 "아전을 단속하는 근본은 자기 자신을 규제함에 있다. 자신의 몸가짐이 바르면 명령하지 않아도 일을 시행할 것이요, 자신의 몸가짐이 바르지 못하면 명령을 하여도 시행하지 않을 것다"라고 하였다. 즉 아전을 잘 단속하고 싶으면 먼저 자신의 몸가짐을 바르게 해야 한다는 것이다. 다음과 같이 부연하였다.

백성은 토지로써 논밭을 삼지만, 아전들은 백성들로써 논밭을 삼는다. 백성의 피부를 벗기고 골수를 긁어내는 것으로써 농사짓는 일로 여기고, 두회頭會(사람의 머리수에 따라 내는 세금)를 가혹하게 거두어들이는 것으로써 수확하는 일로 삼는다. 이러한 습성이 이루어져서 당연한 것으로 여기게 되었으니, 아전을 단속하지 않고 백성을 잘 다스릴 수 있는 사람은 없을 것이다. 그러나 자기에게 허물이 없어야 다른 사람을 나무랄 수가 있는 것이 천하의 일반 이치이다. 목민관이 행하는 것이 다른 사람을 충분히 신복信服시키지 못했는데, 오직 아전 단속하기를 위주로 한다면 명령해도 반드시 시행하지 않을 것이며 금지해도 반드시 그만두지 않을 것이며, 위엄을 세워도 반드시 떨쳐지지 않을 것이며, 법을 세워도 반드시 서지 않을 것이다. 스스로 황음荒淫한 짓을 하면서도 항상 "아전들은 습속이 극악하다"라고 하는 것은 통할 수 없는 논리이다.

다산의 "백성은 토지로써 논밭을 삼지만, 아전들은 백성들로써 논밭을 삼는다"라는 말은 당시 아전들의 횡포를 극명하게 드러낸 말이다. 백성을 살리려고 하는 수령은 반드시 아전들을 단속해야 한다. 그리고 아전을 단속하기 위해서는 먼저 수령 본인이 허물이 없어야 하는 것이다.

먼저 타이르고 감싸주고 깨우쳐주어야 한다

아전들이 잘못을 저질렀을 때 수령은 그들을 어떻게 처리하는 것이 좋은가? 다산은 "예로써 바로잡고 은혜로써 대한 연후에 법으로써 단속해야 한다. 만약 능멸하여 짓밟고 함부로 부리며 이랬다저랬다 속임수로 막으면 아전은 수령의 단속을 받지 않을 것이다"라고 하였다. 또 "윗사람으로 있으면서 너그럽지 못한 것은 성인이 경계한 것이니, 너그러우면서도 해이하지 않으며 어질면서도 나약하지 않다면 일을 그르치는 바가 없을 것이다"라고 하였다. 그리고 "타이르고 감싸주며 가르치고 깨우쳐주면 아전들 역시 사람의 성품을 타고난지라 바로잡아지지 않는 자가 없을 것이니, 위엄부터 먼저 베풀어서는 안 된다"라고 하였다. 이처럼 다산은 잘못을 저지른 아전들에게 죄를 주지 말고 먼저 타이르고 감싸주고 깨우쳐주어야 함을 강조하였다. 그러나 그렇게 해도 아전이 잘못을 고치지 않으면 어떻게 해야 할까?

끝내 잘못을 고치지 않거나 세력을 믿고 간악한 짓을 하는 자는 용서해서는 안 된다

다산은 "타일러 주어도 깨우치지 못하고 가르쳐 주어도 고치지 않으며 세력을 믿고 속여서 몹시 악하거나 매우 간악한 자는 형벌로써 다스려야 한다"고 하였다. 또 "매우 악하고 간악한 자의 우두머리는 감영 밖에다 비석을 세우고 이름을 새겨서 영구히 다시 복직하지 못하게 해야 한다"고 하였다. 끝내 잘못을 고치지 않거나 세력을 믿고 간악한 짓을 하는 자는 결코 용서해서는 안 된다는 것이 다산의 뜻이다. 다산은 당나라의 명관 노환盧奐의 행적을 예로 들었다. 노환은 여러 차례 큰 고을을 맡아서 특별한 치적을 세우니 사람들이 두려워하기를 신과 같이 하였다. 무릇 간악한 자들을 다스림에는 먼저 그 죄를 다스리고 또 그 범한 죄를 돌에 새겨 문에 세우며 재범을 하면 반드시 사형수의 명부에 올려두었는데 그것을 기악비_{紀惡碑}하고 하였다. 악행을 기록한 비석이라는 뜻이다.

아전의 유혹에 걸리면 곧 죄에 빠지게 된다

수령이 아전을 단속하기 위해서는 아전의 유혹에 걸리지 않도록 조심해야 한다. 그러나 아전은 수령을 유혹하기 위해 온갖 방법을 동원하기 때문에, 결국 아전의 유혹에 걸리는 수령은 허다하였다. 다산은 다음과 같이 말하였다.

수령이 좋아하는 바를 아전이 영합하지 않음이 없다. 내가 재물을 좋아하는 것을 알면 반드시 이익으로써 유혹하는데, 한 번 유혹 당하면 곧 그들과 함께 죄에 빠지게 된다. 매양 보면 수령이 처음 부임해서는 그가 호령하고 정사를 시행함이 볼 만한 것이 많다. 그러나 부임한 지 몇 달만 지나면 아전에게 유혹을 당하여 혀를 구부려 아무 소리도 내지 않으니 썩은 쥐도 웃게 된다.

수령이 아전에게 유혹을 당하여 그들과 한통속이 되면,

아전들은 더 이상 수령을 두려워하지 않는다. 이로부터 아전들의 농간은 시작되어 백성들의 고혈을 빨아먹고, 이로부터 수령에 대한 백성들의 원망은 시작되어 결국에는 뼛속 깊이 사무치게 된다.

다산은 "지금의 향리鄕吏들은 재상과 결탁하고 감사와 연통해 있어 위로는 수령을 업신여기고 아래로는 백성들을 착취하니 능히 여기에 굴복하지 않는 자는 어진 수령이다"라고 하였다. 다산은 폐단의 근원에 대해 다음과 같이 말하였다. "만력명나라 신종의 연호, 1573-1619 이전에는 아전의 횡포가 심하지 않았는데 임진왜란 이래로 사대부의 녹봉이 박하여 집이 가난해지고 나라의 재화가 모두 5군문(훈련도감, 어영청, 금위영, 총용청, 수어청)의 양병에 들어가게 되니 이에 탐학하는 풍조가 점차 커지고 아전의 습속이 그에 따라 타락하여 수십 년 이래로 날이 갈수록 심해져서 오늘날에는 극심한 지경에 이르렀다. 내가 민간에 있으면서 그 폐단의 근원을 탐구해보니 첫째는 조정의 권귀權貴들이 뇌물을 받는 일이요, 둘째는 감사가 스스로 축재하는 것이요, 셋째는 수령이 이익을 나누는 일이다."

아전들의 아첨과 농간에 넘어가서는 안 되고 아전들의 놀이는 엄금해야 한다

다산은 "수리는 권한이 무거우니 치우치게 맡겨도 안 되며 자주 불러도 안 된다. 죄가 있으면 반드시 벌을 주어 백성으로부터 의혹이 없도록 해야 한다"라고 하였다. 그리고 다음과 같이 부연하였다.

매번 보면 어리석은 수령은 반드시 수리를 심복으로 여겨 밤중에 몰래 불러 여러 가지 일을 의논한다. 아전이 그 수령에게 아첨하여 기쁘게 해주는 것은 전세田稅를 농간질하고 창곡을 이리저리 마음대로 하여 그 나머지를 취하고 송사와 옥사를 팔아서 그 뇌물을 빨아먹는 데 지나지 않을 뿐이다. 수령이 그 하나를 먹으면 아전은 백을 도적질하는데도 죽일 죄가 이미 발각되면 오직 수령 혼자서만 당하게 되니 슬프지 아니한가?

다산은 "아전들의 놀이와 연회는 백성들이 근심하는 것이니, 엄하게 금하고 자주 경계하여 감히 마음대로 즐기는 일이 없도록 해야 한다"고 하였다. 그리고 부연하여 다음과 같이 말하였다. "요즈음 보면 수령된 자가 아전들의 잔치놀이를 모른 척 내버려둔다. 아전들은 산을 오르고 물에 배를 띄우면서 노래와 춤추기를 번갈아 하도록 하는데, 백성들이 이를 보고는 원수같이 생각한다. 즐기기는 아전들이 하고 원망은 수령이 듣게 되니 역시 망령되지 아니한가. 마땅히 엄격하게 금지시켜야 한다."

2. 어중馭衆: 부하를 잘 통솔하라

부하를 통솔하는 방법은 믿음과 위엄이 있을 뿐이다

어중은 수령이 부하들을 통솔하는 것이다. 수령이 부하를 잘 통솔할 수 있는 방법이 있을까? 다산은 "부하를 통솔하는 방법은 위엄과 믿음이 있을 뿐이다. 위엄은 청렴한 데서 나오고 믿음은 성실한 데서 나오는 것이니, 성실하고 능히 청렴하여야 이에 많은 사람을 복종시킬 수 있다"고 하였다. 다산이 제시한 방법은 가장 기본적인 것이지만, 그것을 지키기는 매우 어렵다. 수령이 성실하지 않으면 부하들은 수령을 믿지 않게 되고, 수령이 청렴하지 않으면 부하들은 수령의 말을 듣지 않는다.

포도군관의 횡포를 막아야 한다

포도군관捕盜軍官은 포도청에 속하여 범죄를 저지른 도적을 잡아들이는 일을 하는 벼슬아치인데, 목민관이 엄격하게 관리해야 할 부류가 바로 이들이다. 다산은 "군교軍校란 무인으로서 거칠고 사나운 자이다. 그들의 횡포는 마땅히 엄격하게 막아야 한다"고 하고, 포도군관의 횡포에 대해 다음과 같이 심도 있게 설파하였다.

무릇 포도군관은 서울이나 지방을 막론하고 모두 큰 도적들이다. 도적과 내통하여 그 장물을 나누어 먹고 도둑을 풀어 도둑질할 수 있도록 방략을 준다. 관에서 도적을 잡으려고 하면 먼저 기밀을 누설시켜 도적이 멀리 달아나게 하고, 관에서 도적을 죽이려 하면 은밀히 옥졸을 사주하여 도적을 고의로 놓치게 하니 그 천만 가지 죄악을 다 말할 수 없다. 가장 큰 문제는 시장市場의 감찰이니 이것은 으레 포도군관에게 맡겨지는데 이는 곧 도둑놈들을 풀어 시장에 들여보내 재물을 훔치게 하는 것이다. 상인들은 이를 보고 두려워하기를 호랑이와 같이 하여 쌀과 솜을 빼앗겨도 아무도 따지지 못한다. 이 때문에 물건과 재화가 시장에 모이지 못하고 교역이 끊어지지 엄하게 단속하는 방도를 조금도 소홀히 할 수 없다. 수령된 자는 마땅히 이러한 폐단을 알아서 별도의 방법으로 염탐하고 살펴 범인을 잡아 단단히 곤장을 치고 엄하게 징계하여 혼을 내주면 아마 그 폐해가 조금 없어지게 될 것이다.

3. 용인用人: 적임자 찾기에 노력하라

나라를 다스리거나 고을을 다스리거나 모두 사람 쓰기에 달려 있다

용인은 필요한 일에 사람을 쓰거나 등용하는 것이다. 다산은 "나라를 다스리는 것은 사람 쓰기에 달려 있으니, 군과 현이 비록 작으나 사람을 쓰는 일은 다르지 않다"고 하였다. 그리고 중국 춘추시대 때의 인물 복자천宓子賤과 무마기巫馬期가 선보單父를 다스렸던 일을 예시로 들었다.

복자천이 선보를 다스릴 때 그곳에는 스승으로 섬기는 사람도 있었고, 친구로 사구는 사람도 있었고, 부리는 사람도 있었다. 그가 거문고나 타고 정당 아래로 내려오지 않아도 선보는 다스려졌다. 무마기도 역시 선보를 다스렸는데, 아침 일찍 나와서 밤늦게 들어가그, 밤낮으로 앉아 있지 않으면서 몸소 직접 일을 보아야 선보가 다스려졌다. 무마기가 그 까닭을 물었더니, 복자천은 "나는 사람에게 맡겼고, 그대는 자신의 노력에 맡겼다고 할 수 있다. 노력에 맡기면 고되고 사람에게 맡기면 편한 것이다"라고 하였다.

공자의 제자였던 복자천과 무마기 두 사람이 선보를 다스렸던 방법은 이처럼 달랐다. 두 사람 중에 복자천의 방법이 자신을 위해서도 고을을 위해서도 효과적이라 할 수 있다. 수령이 혼자 많은 일을 맡아 다스리는 것은, 적임자를 뽑아 그들에게 맡기고 점검하는 것만 못하다. 그러나 그렇게 하려면 적임자를 잘 뽑아야 하는데, 어떻게 하면 그런 사람을 찾아 등용할 수 있을까?

장점을 유심히 살핀 다음 적재적소에 등용하라

다산은 다음과 같이 말하였다. "향승은 수령을 보좌하는 사람이다. 반드시 한 고을에서 착한 자를 뽑아 이 직책을 맡도록 한다." "좌수란 빈석의 우두머리이다. 진실로 마땅한 사람을 얻지 못하면 모든 일이 다스려지지 않을 것이다." "좌우별감은 좌수의 다음 자리이다. 또한 마땅한 적격자를 얻어서 모든 정사를 의논해야 할 것이다." "만약 적격자를 얻지 못하면 자리만 채울 따름이니 여러 가지 정사를 맡겨서는 안 된다." 다산의 말을 종합하면 사람을 쓸 때에는 그 일을 가장 일을 잘 해낼 수 있는 적임자를 뽑는 것이 중요하다는 것이다. 그런데 어떻게 그가 적임자인 줄 알 수 있는가? 다산은 당나라의 문신 한황韓滉의 처사를 예로 들었다.

한황이 오랫동안 양절兩浙 지방에 있으면서 채용한 여러 막료들은 각각 그들의 장점을 따랐으므로 마땅한 사람을 얻지 못하는 경우가 없었다. 일찍이 옛 친구의 아들이 찾아왔는데, 한황이 그의 능력을 살펴보았으나 장점은 하나도 없었다. 그러나 연회를 베풀어 주었는데, 자리가 끝날 때까지 좌우를 돌아보는 일이 없었다. 그래서 그로 하여금 창고의 문을 감독하게 하였다. 그 사람이 종일 꼿꼿이 앉아 있어서 아전과 병졸들이 감히 함부로 창고에 출입하지 못하였다.

아첨하는 자는 배반하고 간쟁하던 자는 배반하지 않는다

대체로 사람은 자신에게 우호적인 사람을 좋아하고 자신과 다른 뜻을 가진 사람은 싫어한다. 이는 목민관이 사람을 등용할 때도 마찬가지다. 수령이 아첨하는 사람의 말에 현혹되어 적임자를 뽑지 못했다가 낭패를 당하는 경우가 허다하였다. 다산은 "아첨하기 좋아하는 자는 충성스럽지 않고 간쟁하기 좋아하는 자는 배반하지 않는다. 이를 살핀다면 실수하는 일이 적을 것이다"라고 하였다. 이에 대해 다산은 다음과 같이 말하였다.

현령의 지위는 비록 낮지만 군왕의 도가 있다. 힘써 아첨을 물리치고 간쟁을 흡족히 받아들이기를 스스로 노력하지 않을 수 없다. 그러나 아전과 노비들은 그 지위가 낮아서 감히 간쟁할 수도 없고 아첨하기도 불편하다. 오직 향승이나 수교

首校 등이 수령의 안색을 살펴 제대로 말할 수 있다. 이에 아첨으로 비위를 맞추어 수령을 악으로 유도하고 비방하는 말이 들끓어도 이에 '칭송하는 말이 고을에 가득하다'고 말하고, 수령이 쫓겨날 기미가 있어도 오히려 '오랫동안 재직할 것이니 염려가 없을 것이다'라고 하면 수령은 기뻐하여 이 사람을 충성스럽다고 여긴다. 감영의 공문이 이미 온 것을 알지 못하고 있다가 갑자기 조사를 당하게 되면 어제까지 면전에서 아첨하던 자가 스스로 나서서 비행의 증인이 되어 작은 잘못까지도 들추어내지만, 혹 참고 덮어주는 자는 전날 간쟁으로 귀찮게 여겼던 사람이다. 수령된 사람은 모름지기 크게 반성하여야 한다.

평소에 아첨하던 자들은 수령에게 위기가 닥치면 결국 배반하지만, 간쟁하고 반대하던 자들은 위기가 닥쳤을 때 도와준다. 그러므로 사람을 뽑을 때는 신중하게 살피지 않으면 안 된다.

4. 거현擧賢: 인재를 찾아 천거하라

어진 인재를 찾아 천거하는 것도 목민관의 임무이다

거현은 현명한 인물을 찾아 천거하는 것이다. 다산은 "어진 인재를 천거하는 일은 수령의 직책이다. 비록 옛날과 지금의 제도가 다르다 하더라도 어진 인재를 천거하는 일을 잊어서는 안 된다"고 하였다. 그리고 조선 후기의 명신 약천藥泉 남구만南九萬, 1629-1711의 행적을 예로 들었다. "근세에 약천 남구만이 변경지방을 안찰하고 돌아올 때는 반드시 그 도의 인재를 추천한 일이 그의 장주章奏(신하가 임금에게 올리는 글)에 자주 나타나 있다. 대신이 인재를 천거함으로써 임금을 섬기는 뜻이 본래 이와 같은 것이니, 뜻있는 선비가 백성의 수령이 되었다면 이 뜻을 잊을 수 있겠는가!

다산의 이 말은 오늘날에도 그대로 적용된다. 요즈음의 군수나 시장이나 도지사 가운데 어진 인재를 찾아 천거하는 것을 자신의 직분이라고 믿고 실천하는 사람이 있다는 얘기를 듣지 못하였다. 어질고 착한 사람이 있다면 반드시 추천하고 등용하여 나라 운영의 보탬이 되도록 해야 할 것이며 그냥 덮어두어서는 안 될 것이다. 다산은 "관내에 경전에 밝고 행실을 독실하게 닦는 선비가 있으면 마땅히 몸소 나아가 그를 방문하고 명절에 찾아가 예를 닦아야 할 것이다"라고 하였다.

과거科擧는 본래 군현의 수령의 천거를 받은 사람만이 응하는 시험이다

다산은 "과거는 과목별로 천거한다는 뜻이다. 지금 법은 비록 아름답지만, 그 폐단이 극도에 이르면 변할 것이니 사람을 천거하는 것은 목민관이 당연히 힘써야 할 것이다"라고 하였다. 그리고 다음과 같이 부연하였다.

우리나라에 이름을 함부로 붙인 것이 두 가지가 있다. 행적을 상고한 후에 그 행적을 고찰하는 것이 법인데 우리나라는 상신하지 않고 고찰하며, 어진 이를 천거한 후에 과거에 응하는 것이 법인데, 우리나라에서는 천거하지 않아도 응시할 수 있으니 이 두 가지가 천하의 웃음거리인 것이다. 이제 과거에 폐단이 많아 질서가 없고 이미 극도의 경우에 달하였다. 만물

146

이 극에 이르면 반드시 변하는 것이다. 공적인 의론이 점차 일어나고 있으니, 생각건대 중국의 군현郡縣 천거의 법이 결국에는 우리나라로 옮겨올 것이다. 수령된 자는 마땅히 이 뜻을 알아야 할 것이다.

과거라고 하는 것이 본래 중국에서 생겨났을 때는 군현의 장이 과목별로 천거를 하면, 천거를 받은 사람만 비로소 과거 시험에 응할 수 있는 것이다. 그런데 우리나라에서는 군현의 수령이 천거를 하지 않아도 과거에 응할 수 있게 되어 있어 천하의 웃음거리가 되었다고 하였다. 우리나라의 과거는 수령의 천거만 받지 않는 것이 아니다. 다산이 지적한 것처럼 "부잣집 자식이 글자 한 자도 배우지 않고 글을 사고 글씨를 사서 뇌물을 바쳐서 과거에 급제한 자가 그 태반을 차지하는 것"이 과거시험의 실상이었다. 다산은 "중국의 과거법은 지극히 상세하고 치밀하다. 본받아 시행하게 되면 천거하는 것은 목민관의 직무이다"라고 하고, 다음과 같은 해결책을 제시하였다.

살펴보건대 오늘날 과거의 폐단을 바로잡는 방법은 오직 '정거액定擧額(천거하는 숫자를 한정함)'이라는 세 글자에 있을 뿐이다. 만약 천거하는 수를 한정한다면, 수령은 뽑아 천거하는 일을 지극히 공명하게 하기를 마땅히 힘써야 할 것이다.

5. 찰물察物: 물정을 잘 살펴라

백성을 괴롭히는 자들의 동정을 훤하게 알아야 한다

찰물은 고을에서 일어나는 사건과 사람들의 동정을 자세히 살펴서 주도면밀하게 대처하는 것이다. 다산은 "목민관은 외롭게 고립되어 있어, 앉아 있는 자리 밖은 모두 나를 속이려는 자들이다. 사방으로 눈을 밝게 뜨고 사방으로 귀를 열어야 하는 것이, 오직 제왕만이 그래야 하는 것은 아니다"라고 하였다. 목민관은 고립된 존재이고 아전들은 속이는 것을 능사로 삼는다. 그러므로 목민관은 백성을 괴롭히는 자들의 동정을 훤하게 알지 않으면 안 된다. 다산은 다음과 같이 부연하였다.

아전과 향임과 군교들이 몰래 수령의 동정을 엿보고서 이를 빙자해서 멋대로 농간질하는 것을 염려하지 않을 수 없으며, 하인들과 병졸들이 몰래 민간에 나가 토색질하고 악행을 저지르는 것을 살피지 않을 수 없으겨, 또 효도하지 않고 공경하지 않으며 장터에서 마음대로 빼앗는 것을 금하지 않을 수 없으며, 마을에서 무력을 써서 강제로 행하며 강한 힘을 믿고 약한 이를 업신여기는 자를 제압하지 않을 수 없다. 그러므로 별도로 염탐하고 조사하는 일은 없을 수 없다.

아전들이 백성을 호랑이처럼 두려워하도록 해야 한다

목민관이 진정으로 백성을 위하는 정사를 행하고자 한다면 민폐를 과감하게 ㅅ정하고 개혁해야 하며, 하는 척 흉내만 내서는 안 된다. 다산은 "항통缿筩(투서함)의 법은 백성들로 하여금 발걸음을 두겁게 하고 눈치를 살피게 하는 것이니 결코 행해서는 안 된다. 구거鉤鉅(남의 속을 떠보는 식)식의 질문도 간휼한 속임수에 가까운 것이니 군자가 할 짓이 아니다"라고 하였다. 그리고 다음과 같이 부연하였다.

수령의 정사에 혹시 잘못한 바가 있으면 빨리 고쳐 조처해야 할 것이요, 민폐를 혹 고해오는 것이 있으면 단연코 다스려 고쳐야 할 것이요, 사사로운 원한으로 무고하는 것도 반드시 살펴야 한다. 만약 관리가 고발을 당하면, 정말 부정이 있는 자는 그날 바로 조사 처리하고, 실제 증거가 없는 것은 다시 조사하여 살펴야 한다. 이렇게 하면 아전들이 백성을 호랑이처럼 두려워하여 감히 함부로 침해하지 못할 것이다.

큰 사건은 들추어내되 사소한 잘못은 드러내지 말라

다산은 "무릇 미세한 허물과 작은 흠은 마땅히 덮어두어야 한다. 샅샅이 밝혀내는 것은 현명한 일이 아니다. 가끔씩 농간을 적발해서 그 기미를 살핌이 귀신과 같다면 백성들이 두려워할 것이다"고 하였다. 그리고 다음과 같이 부연하였다.

관장官長이 아전이나 백성들의 한두 가지 숨겨진 부정을 듣고, 마치 기이한 재화라도 얻은 듯 부정을 드러내 놓고 떠들며, 스스로 세세하게 밝혀낸 총명함을 과시하는 것은 천하에

박덕한 것이다. 큰 사건을 들추어내되 사소한 것은 그냥 지나쳐버리기도 하고, 혹은 속으로 짐작만 하기도 하며, 또 혹은 은밀히 그 사람을 불러 따뜻한 말로 훈계하여 그로 하여금 스스로 새롭게 되도록 해야 한다. 너그럽되 늘어지지 않고 엄격하되 가혹하지 않으며, 온후하게 덕이 있어 그로 하여금 감동하여 기뻐하게 하는 것, 이것이 아랫사람을 다스리는 방법이다. 연못에 숨은 물고기를 세세하게 살피듯 하여 경솔하게 가혹한 형벌을 가하는 것이 어찌 훌륭한 목민관이 할 바이겠는가.

가까이 있는 사람들의 말을 그대로 믿어서는 안 된다

목민관이 물정을 살필 때 가장 주의해야 할 것 중의 하나가 바로 측근이 하는 말이다. 측근이 하는 말을 믿고 받아들이는 순간 그의 계략에 당하고 만다. 다산은 "좌우에 가까이 있는 사람들의 말을 그대로 믿고 들어서는 안 된다. 비록 한가롭게 하는 말 같지만 모두 사사로운 뜻이 들어 있기 때문이다"라고 하였다. 그리고 송나라 때의 명관 호태초의 말을 인용하여 자세히 부연하였다.

호태초는 다음과 같이 말했다. "현령의 사람됨이 굳세어 좀처럼 아전을 믿고 맡기려 하지 않으면 온갖 그럴 듯한 사실을 늘어놓아 은근히 현령을 높인다. 그래도 현령이 따르지 않으면 반드시 현령이 공사公事를 마치고 쉬는 동안에 저희들끼리 무리지어 사사로이 현령에 대한 논평을 주고받아 그 말이 모르는 사이에 현령의 귀에 들어가게 한다. 그러면 현령은 이를 살피지 못하고 그 말을 무심코 하는 말이라 여기고, 나아가 그 말을 믿어서 이미 그 계략에 떨어진 줄을 알지 못한다."

그리고 다산은 다음과 같이 말했다. "생각하건대, 모시는 기생, 모시는 아이, 모시는 노비들이 자기들끼리 사사로이 문답하는 말을 아전들이 거짓 꾸짖어 못하게 하는 척하지만 실제로는 아전들이 고의로 흘려 들여보낸 것이 많다. 간사하고 기만함이 천태만상이니 어찌 깊이 생각하지 않으리오" 라고 하였다.

6. 고공考功: 공적을 잘 살펴라

죄를 지으면 벌이 있지만 공을 세워도 상이 없다

고공은 아전들과 백성들의 공적을 자세히 살펴 그에 따라 상과 벌을 주는 것이다. 다산은 "아전들이 하는 일도 반드시 그 공적을 살펴야 한다. 그들의 공적을 살피지 않으면 백성들을 권면할 수 없다"고 하였다. 그리고 다음과 같이 부연하였다.

무릇 사람을 다스리는 법은 '권징勸懲' 두 자에 있다. 공적은 있는데 상이 없으면 백성을 권면할 수 없고, 죄가 있는데 벌이 없으면 백성을 징계할 수 없다. 권면하지도 않고 징계하지도 않으면 해이해지고 모든 일이 무너지게 되니 백관百官과 여러 아전들도 다를 바가 없다. 지금은 죄에는 벌이 있지만 공에는 상이 없다. 이 때문에 아전들의 습성이 날로 간악한 데로 나아가는 것이다.

수령이 백성을 다스릴 때 공이 있으면 상을 주고 죄가 있으면 벌을 주는 것은 당연한 일이다. 그러나 당시에는 아전들이 공을 세워도 상을 주지 않았다. 공을 세워도 상을 주지 않으면 누가 공을 세우고자 하겠는가. 마땅히 개선해야 할 것이다.

국법에 없더라도 자체적으로 공과를 기록하여 상을 주어라

아전이 공을 세워도 상이 없는 것은 국법國法에 그런 법이 없기 때문이다. 다산은 "국법에 없는 것을 혼자서 행할 수는 없으나 그 공과를 기록하였다가 연말에 공적을 따지고 의논해서 상을 주면 오히려 그만두는 것보다 좋을 것이다"라고 하였다. 그리고 다음과 같은 방법을 제시하였다.

"책자 하나를 비치해 두고 매 한 장에 한 인원의 이름을 쓰되 모든 향임과 모든 군교, 여러 아전과 여러 하예下隸들의 공과를 모두 기록한다. 과오는 범할 때마다 징치하고 공적은 연말에 검토 비교해서 9등급으로 구분한다. 상의 3등급에 든 자는 새해 차임할 때 반드시 요직을 주고, 중의 3등급에 든 자는 상을 논할 때 차별이 있게 하고, 하의 3등급에 든 자는 1년 동안 정직을 시켜 직임을 얻지 못하게 하면 어느 정도 권선勸善하는 데 도움이 될 것이다.”

이처럼 수령이 자체적으로 아전들의 공적과 과오를 꼼꼼히 기록하여 그에 따라 상과 벌을 주면 아전들을 다스리는 데 큰 도움이 될 것이다. 이처럼 고공의 일이 잘 이루어지면 백성들의 고충도 훨씬 줄어들 것이다. 그러나 수령의 임기가 짧아 그 일이 지속적으로 이루어지지 못하고 있는 것이 문제이다.

수령의 임기를 6년으로 정해야 한다

그래서 다산은 “수령의 임기를 6년으로 정하여야 한다. 수령이 먼저 오래 그 자리에 있은 후에 가히 고공을 논의할 수 있다. 그렇지 못하면 오직 신상필벌信賞必罰하여 백성들에게 영을 미덥게 해야 할 것이다”라고 하였다. 그리고 다음과 같이 부연하였다.

20년 이래 수령들이 자주 교체되어 오래가야 2년이요, 나머지는 혹 1년에 끝나기도 한다. 이 벌이 고쳐지지 않으면 아전

과 백성들이 항구적인 계책이 없고 공적을 살피는 고공의 법
도 웃음을 살 뿐이다.

수령의 임기는 본래 5년으로 되어 있으나 5년을 채우는
경우는 거의 없고 대부분 2년 안에 교체되고 만다. 그것을
아는 수령은 아예 일을 할 생각을 하지 않고, 아전들은 눈치
만 보며 수령이 교체되기를 기다릴 뿐이다. 다산의 주장처
럼 수령의 임기를 6년으로 정하고 중간에 교체하지 않았다
면 반드시 효과가 있었을 것이다. 그러나 다산의 주장은 끝
내 받아들여지지 못했다.

제6편
호전 6조 戶典六條

1. 전정田政: 토지행정을 바로잡아라

목민관의 직책 54조 중에서 전정이 가장 어렵다

전정은 조선 시대의 삼정 가운데 하나로, 토지에 대한 전세와 대동미 및 그 밖의 여러 가지 세를 받아들이던 일이다. 17세기 이후 대동법大同法·균역법均役法의 실시 등 일련의 세제개혁을 통하여 각종 조세가 토지로 집중되고, 『경국대전』으로 법제화된 전기의 조용조租庸調 체제가 무너지면서 토지에 세를 부과하여 수취하는 일련의 제도 및 그와 관련한 행정을 전정이라 일컬었다.

다산은 "목민관의 직책 54조 중에서 전정이 가장 어렵다. 이것은 우리나라의 양전법量田法이 본래 좋지 못하기 때문이다"라고 하였다. 또 "개량은 전정 중의 큰일이다. 묵은 전답과 숨긴 전답을 조사하여 별일 없기만 도모해야 한다. 만약 부득이하다면 힘써 개량해야 한다. 그러나 큰 해가 없는 것이라면 모두 예전 것을 따르고 피해가 너무 심한 것만을 바로잡아서 원래의 액수를 채워야 한다"고 하였다. 이에 대해 다산은 다음과 같이 부연하였다.

"우리나라의 토지 제도는 예로부터 좋지 않았다. 훌륭한 군주와 현명한 신하가 조정에서 의논하여 전제를 크게 바로잡아 결부법結負法을 허물어 경묘법頃畝法으로 하되 한결같이 중국의 제도를 모방하고 정전법井田法을 참작한다면, 이 일을 맡은 수령은 정신을 분발하고 지혜를 다하여 지극히 합당한 데에 이르기를 힘써서 조금이라도 유감된 것이 없기를 기약하는 것이 옳다. 오늘날의 결부법은 토지를 6등급으로 나누어서 그 기구하고 현혹됨이 이보다 심한 것이 없으니, 비록 우왕과 후직으로 하여금 이 일을 맡도록 하여도 완벽하게 하지 못할 것이다. … 지금 개량한다고 하면 신선한 것 같으

나 개량이라는 것은 결부를 고쳐서 또 결부로 되게 하는 것
이다. 법이 본래 좋지 않은데 어떻게 좋게 고칠 수 있겠는
가. 때문에 '마지못해 개량하되 아주 심한 것만 바로잡아라'
라고 한 것이다."

비옥한 토지에 묘를 쓰게 해서는 안 된다

다산은 중국 제나라의 대부 성자고成子高의 말을 인용하여
비옥한 토지에 묘를 쓰게 해서는 안 된다고 하였다. 성자고
는 병이 위독해지자 "내가 비록 살아서 남에게 덕을 행하지
는 못했다고 하더라도 어찌 죽어서 남에게 해를 끼칠 수 있
겠는가. 내가 죽거든 갈아먹지 못하는 땅을 택하여 나를 묻
어다오"라고 하였다. 이에 대해 다산은 다음과 같이 말했다.

군자가 마음을 쓰는 것이 이와 같다. 오늘날 사람들은 풍수설
에 빠져 산에 빈자리가 없으면 이에 평지에 특별히 자리를 장
만하니 비옥한 토지가 쓸모없이 묏자리가 되어 나라의 토지
가 날로 축소되니 진실로 작은 일이 아니다, 매양 개량하는
날에 사대부의 묘역은 모두 진전陳田(묵정밭)으로 면세되니 어

진 수령은 마땅히 허락해서는 안 된다. 오직 산꼭대기의 밭으로 묘역이 되는 경우는 그대로 허락해주어도 좋다.

양전量田을 할 때는 백성을 해치지 않고 나라에 손해가 없게 해야 한다

양전은 토지의 실제경작 상황을 파악하기 위해 실시하는 토지측량 제도이다. 양전을 통해 전결수田結數를 정확히 파악하고, 양안量案(토지대장)에 누락된 토지를 적발하여 탈세를 방지하며, 토지경작 상황의 변동을 조사하여 국가 재정의 기본을 이루는 전세의 징수에 충실을 기하고자 하였다. 다산은 "양전하는 법은 아래로는 백성을 해치지 않고 위로는 나라에 손해나지 않게 하는 것이니 오직 고르게 해야 한다. 먼저 적임자를 얻은 후에야 논의할 수 있다" 하였다. 그리고 우계牛溪 성혼의 손자인 성직의 행적을 예로 들어 백성을 생각하는 목민관의 모습을 제시하였다.

성직成稷, 1586-1680이 봉화현감이 되었다. 갑술년 양전 때에 공이 이를 위하여 친히 논밭에 나가 산간벽지까지도 전부 조사하였다. 장부를 바치니 균전사均田使가 오히려 물리치고 받지 않거늘 공이 천천히 말하기를 "척박한 토지인 하하등下下等을 어떻게 더 늘릴 수 있겠습니까? 굳이 늘리기만 한다면 고르다고 할 수 없습니다. 백성이 무슨 죄가 있습니까?" 하니 균전사가 깨닫고 이에 따랐다. 그 백성들이 지금에 이르기까지 혜택을 입고 있다.

목민관은 묵은 전답을 철저히 조사하여 백성들이 묵은 전답을 개간하도록 도와야 한다

다산은 "묵은 전답을 조사하는 것은 전정의 큰 조목이다. 묵은 전답의 과세는 원통한 것이 많으니 묵은 전답을 조사하지 않을 수 없다"고 하고, 또 "묵은 전답의 개간은 백성들에게만 의지할 수 없으니 목민관은 마땅히 지성으로 경작을 권장하고 또한 그 힘을 도와줘야 한다"고 하였다. 그리고 다음과 같이 부연하였다.

"옛날의 어진 수령은 반드시 소를 빌려주고 양식을 도와주어 백성들에게 개간하도록 권하였다. 하물며 이 어리석은 백성들이 법의 뜻을 알지 못하고 오직 한번 그 발꿈치를 움직이면 무거운 세를 질까 두려워하기 때문에 가벼이 개간하지 않으니, 수령은 마땅히 몸소 마을에 가서 3년간 면세해준다는 법의 뜻을 타이르고 관청에서는 스스로 결재해주어 믿을 수 있는 증거로 삼게 하고 뒤따라 그 힘을 돕는 것을 옛날의 수령과 같이 한다면 아마 개간하는 자가 날마다 증가할 것이다. 『대전통편』에는 '묵은 전답의 개간은 백성들이 관에 고하여 경작하는 것을 하락하며 3년 후에 비로소 세를 납부하도록 한다. 혹시 밭주인이 와서 소송하면 소출의 3분의 1은 땅 주인에게 주고 3분의 2는 개간자에게 지급하며 갈아먹은 지 10년 후부터 똑같이 나누도록 한다'라고 규정하였다. 생각건대 이 역시 백성을 이끌어 개간시키려는 뜻이다. 수령은 마땅히 이 뜻을 민간에게 잘 알리고 남의 묵은 밭을 경작하고자 하는 자에게 증명서를 주어 뒷날의 걱정을 없게 해주어야 한다."

2. 세법稅法: 문란한 세법을 개선하라

세법도 이미 문란하여 나라의 세입이 얼마 되지 않으니 수령은 정성을 다해야 한다

세법은 조세의 부과 및 징수에 관한 법이다. 다산은 "전제田制가 이미 그러하니 세법은 따라서 문란하다"고 하였다. 또 "집재執災(재난을 조사함)와 표재俵災(재해 입은 전지의 조세를 감하는 것)는 전정업무의 말단에 속한다. 큰 근본이 이미 거칠어지고 조리가 모두 문란하면 비록 마음과 힘을 다하더라도 만족하게 될 수 없다"고 하였다. 그리고 조선 중기의 문신 정언황丁彦璜, 1597-1672의 행적을 예로 들었다.

정언황은 인천부사로 있을 때 연분을 정함에 서원書員을 보내지 않고 백성들이 개간한 전지를 자진 신고하게 하고 때때로 몸소 나가 확인하였다. 그러자 백성들에게는 음식 대접하는 낭비가 없고 아전은 농간질을 못하게 되며 전결田結은 이전보다 줄어들지 않아서 백성들이 심히 편안하게 여겼다고 한다.

서원은 조선 시대에 중앙과 지방의 각 관서에 배속되어

주로 행정 실무를 담당한 아전으로 주로 조세를 받는 일을 나누어 맡았다. 그러므로 서원의 권한은 강했고, 비리와 농간도 자주 일어났다. 그래서 정언황은 서원을 보내지 않고 백성들이 자진 신고하게 하고 자신이 직접 나가서 확인하였지만, 이것은 일반적인 경우가 아니었다. 대체로 서원이 들에 나가 백성들의 수확량을 조사한다. 그러므로 다산은 다음과 같이 말하였다.

서원이 수확량을 조사하러 들에 나가는 날에는 면전에 불러 놓고 부드럽고 따뜻한 말로 달래기도 하고 위엄 있는 말로 겁을 주기도 하면서 지극히 정성스럽게 대하여 감동시킬 수 있다면 이익되는 점이 없지는 않을 것이다.

수령이라 하며 오로지 위엄만을 세워서는 안 된다. 위엄을 세우기 이전에 먼저 따뜻한 말로 아전의 마음을 달래어 감동을 주는 것이 중요하다.

간사하고 교활한 아전이 몰래 빼돌리는 것을 조사하여 엄금해야 한다

다산은 "간사하고 교활한 아전이 몰래 민결民結을 취해서 부역을 면제한 마을로 옮겨 기록한 것은 명확하게 조사하여 엄금할 것이다"라고 하였다. 민결은 일반 백성이 조상 대대로 소유한 전지田地의 결수結數를 가리키는 말이다. 다산은 다음과 같은 일화를 소개하였다.

몇 년 전에 포구의 한 마을에 그 세액 5결이 홀연히 사라졌는데 어디로 갔는지도 알 수 없었다. 마을 백성들이 수령에게 호소하였더니 수령은 '왕세王稅(나라에 바치는 조세)에는 아무 탈이 없고 너희들 밭에도 징수가 없으니 너희들의 이익이다. 무엇 때문에 굳이 찾아내려고 하는가?'라고 말하였다. 수령의 어둡고 우매함이 이와 같으니 온 고을 사람들이 쑥덕거리며 비웃었다고 한다.

수령이 우매하면 일처리가 이와 같다. 그러나 설령 수령이 밝고 현명하기가 귀신 같다고 해도 아전들의 농간은 밝혀내기 어렵다. 다산의 기록에 의하면 예전에 수령 노릇을 귀신같이 밝게 해서 아전들이 감히 속이지 못한 사람이 있었는데, 그가 교체되어 돌아갈 때 채를 들어 서원들이 있는 서원청書員廳을 가리키며 '다른 일은 다 알 수 있으나 저곳의 일은 알 수가 없다'고 하였다고 한다. 백성들에게 세금을 거두어들이는 일을 맡았던 서원들이 부정과 농간이 얼마나 많았었는지 짐작할 수 있다.

농민은 600두를 수확해도 100두도 못 가지는데, 그마저 세금으로 빼앗긴다

다산은 다음과 같이 말하였다. "생각해보자. 백성이 견딜 수 있겠는가. 1결의 논에서 수확하는 곡식이 많으면 800두요, 적게는 600두요, 더 적으면 400두일 뿐이다. 농부들은 제 땅이 없고 모두 남의 땅을 경작하는데 일 년 내내 고생하여도 여덟 식구의 식량과 이웃에 주는 품삯을 치러야 하는데다가 추수 때가 되면 밭주인이 수확의 반을 나누어가니 600두를 추수한 농부가 제 몫으로 가지는 것은 300두일 뿐이다. 종자를 제하고 빚을 갚고 전해에 빌린 양식을 제하면 남는 것은 100두가 되지 않는데 세금으로 긁어가고 빼앗아 가는 것이 이와 같이 극도에 이르렀다. 아아 슬프다! 이 가난한 백성들이 어찌 살겠는가. 백성의 수령된 자로서 교활한 아전들의 비방과 원망을 면하고자 아전들이 하는 대로 맡기고 억제하지 못하면 반드시 저앙을 후손에게 끼치게 될 것이다."

백성들이 바치는 기한을 어겨도 아전을 풀어 독촉하면 안 된다

다산은 "비록 백성들이 바치는 기한을 어겨도 아전을 풀어 독촉한다면 이는 양떼의 우리 속에 호랑이를 풀어놓는 것과 같으니 반드시 해서는 안 된다"고 하였다. 그리고 다음과 같이 부연하였다.

"세미를 거두는 마감 때에 아전과 군교를 풀어서 민가를 수색하여 긁어내는 것을 검독檢督이라 한다. 검독은 가난한 백성들에게는 승냥이나 범과 같은 것이다. 백성들의 수령된 몸으로 차마 이 직을 하겠는가. 은결隱結과 방납防納으로 넉넉한 가호를 빠뜨리지 않았으면 세액은 저절로 충당될 수 있으며 설령 빠뜨려지는 경우가 있어도 수령이 따뜻하고 인자한 말로써 백성들을 타이르면 기한 내에 쌀을 납부하지 않는 사람이 없을 것이다. 검독이 한 번 나가는 것만으로도 그 수령은 알 만한 것이니 더 말할 바가 없다." 은결은 조선 시대에 조세부과 대상에서 탈세를 목적으로 부정한 방법으로 누락시킨 토지를 가리키는 말이고, 방납은 조선 시대 공납제貢納制의 전개 과정에서 공물貢物의 납부를 대행함으로써 중간 이윤을 취하던 행위이다.

3. 곡부穀簿: 환곡의 폐단을 개선하라

환곡은 백성의 뼈를 깎는 병폐가 되었고, 나라를 망하게 하는 일이 되어버렸다

곡부는 환곡還穀의 장부이다. 환곡은 환자還子라고도 하는데, 각 고을에서 흉년이나 춘궁기에 빈민에게 곡식을 대여하고 추수기에 이를 환수하는 제도나 그 곡식을 이르던 말이다. 본래 환곡은 재난을 당한 사람들을 구제하기 위해 관아의 곡식을 빌려주던 일종의 사회 복지제도였다. 그러나 조선 후기에는 고리대가 형성되어 관리들의 돈벌이 수단으로 전락하였다. 환곡이 필요하지 않은 사람에게까지 강제로 환곡을 빌려주고 높은 이자를 강요하기도 하였다. 이에 환곡은 백성의 뼈를 깎는 병폐가 되었고, 나라를 망하게 하는 일이 되어버렸다.

다산은 "환자란 사창社倉이 일변한 것이다. 조적糶糴도 아니면서 백성의 뼈를 깎는 병폐가 되었으니, 백성이 죽고 나라가 망해가는 급박한 일이 되어버렸다"고 하였다. 조적은 상평창 등의 국가 기관에서 쌀을 비축하고 배포하는 행위로, 주로 물가의 조절이나 빈한한 농민의 진휼을 위해 행해졌다. 다산은 환곡의 폐단에 대해 다음과 같이 설파하였다.

처음 이 법을 만든 본래의 뜻은 반은 백성의 양식을 위한 것이요, 반은 나라에서 쓰기 위한 것이니, 어찌 백성을 학대하고 백성을 괴롭히기 위해 만든 것이겠는가? 지금은 폐단 위에 폐단이 생기고 문란에 문란을 더하여 구름이 변하듯 안개가 사라지듯 모래가 흘러내리고 굴결이 출렁거리듯하여 천하에 따져서 밝혀낼 수 없는 것이 되었다. 나라에서 쓰는 경비에 보탬은 열 가운데 하나요, 여러 아문에서 관장하여 자기들의 몫으로 삼는 것이 열 가운데 둘이요, 군현의 아전들이 농간질하고 판매를 해서 스스로 장사 속으로 이익을 취하게 되는 것이 열 가운데 일곱이다. 백성은 일찍이 쌀 한 톨도 가루조차 보지 못했는데 거저 가져다 바치는 쌀이랑 조가 해마다 천이나 만이 되니, 이것이 부렴賦斂이지 진대賑貸라 하겠으며, 이것이 늑탈勒奪이지 어찌 부렴이라 할 수 있겠는가.

부렴은 조세 등을 매겨서 거두는 것이고, 진대는 재난이나 흉년이 든 해에 나라의 곡식을 풀어서 어려운 백성에게 꾸어 주던 일이며, 늑탈은 폭력이나 위력을 써서 강제로 빼앗는 것이다. 다산은 조선 후기의 환곡제도가 국가가 백성의 재물을 늑탈하는 것과 다를 바가 없다고 하였다.

환곡이 병폐가 되는 까닭은 그 법이 본래 어지럽기 때문이다

환곡이 본래의 좋은 취지를 잃고 백성들의 뼈를 깎는 병폐가 된 이유는 무엇인가? 다산은 "환곡이 병폐가 되는 까닭은 그 법이 본래 어지럽기 때문이다. 그 근본이 이미 어지러운데 어떻게 그 끝이 다스려질 것인가"라고 하였다. 그리고 환곡의 법이 어지러운 이유에 대해 다음과 같이 밝혔다.

"근본이 어지럽다는 것은 무엇인가. 첫째는 환곡의 명목이 어지러운 것이요, 둘째는 관장하는 아문衙門이 어지러운 것이요, 셋째는 석수石數가 어지러운 것이요, 넷째는 모법耗法이 어지러운 것이요, 다섯째는 순법巡法이 어지러운 것이요, 여섯째는 분류分留가 어지러운 것이요, 일곱째는 이무移貿가 어지러운 것이요, 여덟째는 정퇴停退가 어지러운 것이다. 이 여덟 가지 어지러움이 폐단을 낳는 큰 줄기요, 여기서 천 갈래 만 갈래가 불어나게 되니 지금 다 지적하고 논할 수 없다. 무릇 천고를 헤아려 보더라도 이재理財를 이와 같이 하고서도 스스로 나라를 다스린다고 할 수 있는 자는 아직까지 없었다. 백성은 물이나 불 속에서 아우성치고 뒹굴고 있는데, 재상은 조정의 위에 앉아서 바야흐로 정치는 옛것을 따른다는 '정유구政由舊' 세 글자로 비결로 삼으니 아 슬프다! 장차 어찌하면 좋겠는가?"

윗물이 이미 흐리니 아랫물이 맑기 어렵다

환곡의 폐단이 개선되기 어려운 이유는 무엇인가? 그것은 감사와 수령과 아전들이 모두 이익을 얻기 위해 법을 범하고 농간을 부리기 때문이다. 다산은 "감사가 환곡을 이용해 장사하면서 장삿길을 크게 열어 놓았으니 수령이 법을 범하는 것은 말할 것이 없다"라 하고, 또 "수령이 농간질하여 남은 이익을 훔치니 아전들의 농간질은 말할 것이 없다"라고 하였다. 그리고 "윗물이 이미 흐리니 아랫물이 맑기 어렵다. 아전이 농간을 부리는데 온갖 방법이 갖추어지지 않은 것이 없고 귀신같이 간사하고 교활해서 밝게 살필 수가 없다"라고 하였다. 그리고 다음과 같이 비판하였다.

내가 다산茶山에 거처하면서 관청의 창고로 가는 길을 내려다본 것이 지금까지 10년인데, 시골 백성들이 곡식 섬을 받아지고 지나가는 자를 일찍이 본 일이 없다. 한 톨의 곡식도 일찍이 받아온 일이 없는데도 겨울이 되면 집집마다 곡식 5, 6, 7섬을 내어 관청의 창고에 바치는데, 그러고서도 다시 '환자[還上]'이라고 부르는 것은 부끄럽지 않은가? 무릇 환還이라는 것은 되돌린다는 뜻이며 갚는다는 뜻이다. 가져가지 않으면 되돌려 줄 것이 없고 베풀지 않으면 갚는 것도 없는 법이다. 무릇 무엇 때문에 환還 자를 쓰는가. 지금은 백자[白上](까닭 없이 그냥 바침)는 있어도 환상은 없다.

환곡은 잘 거두어들인 후에야 바야흐로 잘 나누어 줄 수 있으며, 수령이 친히 나누어 주어야 한다

목민관이 환곡의 폐단을 조금이라도 줄일 수 있는 방법이 없는가? 다산은 다음과 같이 말하였다. "곡식을 나누어 주는 날에 응당 나누어 줄 것과 남겨 둘 것은 마땅히 정밀하게 조사해야 하니, 반드시 경위표를 작성하여 분명하게 살피도록 해야 한다." "무릇 환자는 잘 거두어들인 후에야 바야흐로 잘 나누어 줄 수 있으니, 거두어들이는 것을 잘하지 못한다면 또 1년을 어지럽히게 되어 구제할 방법이 없을 것이다." "무릇 환자란 비록 친히 받아들이지 않더라도 반드시 친히 나누어 주어야 하며, 한 되 반 홉이라도 향승으로 하여금 대신 나누어주게 하여서는 안 된다." 이처럼 다산은 목민관이 환곡의 폐단을 조금이라도 줄이고자 한다면 먼저 환곡을 잘 거두어들여야 하고, 곡식을 나누어 줄 때는 수령이 친히 나누어 주어야 한다고 하였다.

관청의 곡식은 사사롭게 나누어 주어서는 안 된다

다산은 "만약 한두 사람의 백성이 사사로이 관청 창고의 곡식을 구걸하는 경우에 이를 허락해서 곡식을 나누어 주어서는 안 된다"고 하였다. 그리고 부연하여 다음과 같이 말했다. "양식이 떨어진 양반이 재해를 당했다고 거짓말을 하거나 도랑을 파거나 제방을 쌓는다고 거짓말하여, 사사로이 창고의 곡식을 구걸하여 별도로 수십 석을 받았다가 세월이 오래되어도 납부하지 않고 더욱 많이 받아 드디어 포흠逋欠이 되는데 이를 유포儒逋라 한다. 혹 큰 기근이 들거나 혹 국가에 큰 경사가 있어 구환舊還을 탕감해 주는 경우에 수령은 사사로운 정을 좇아 이 양반의 포흠을 탕감해 준다. 경기도와 충청도에 이러한 폐단이 많다. 수령은 마땅히 자물쇠를 굳게 지켜서 만약 여러 백성이 다 같이 받는 경우가 아니면 창고를 열어서는 안 된다."

아전의 포흠은 징발하지 않을 수 없지만 포흠의 징수가 너무 가혹해서는 안 된다

포흠이란 관청의 물건을 빌려서 써 버리거나 숨기고 돌려주지 않는 것이다. 조선 후기 당시 만연했던 아전들의 포흠에 대해 다산은 어떤 진단을 내렸을까? 다산은 "아전의 포흠은 징발하지 않을 수 없지만 포흠의 징수가 너무 가혹해서는 안 되며, 법의 집행은 마땅히 엄격하고 준열해야 하지만 죄수를 다룸에 있어서는 마땅히 불쌍히 여겨야 한다"고 하였다. 즉 아전의 포흠은 징발하지 않을 수 없지만 포흠의 징수가 너무 가혹해서는 안 된다는 것이다. 다산은 농암聾巖 이현보李賢輔, 1467-1555의 행적을 예로 들었다. 이현보가 영천 군수가 되었을 때 그 고을에 묵은 포흠이 많았다. 공이 아주 잘 조치하고 또 비용을 절약하여 1년이 넘자 환곡의 수량이 다 채워졌다. 이에 그 오래되어 징수하기 어려운 것은 모두 그 문서를 불살라 버렸다.

4. 호적戶籍: 호적을 정비하라

호적이 정비된 후라야 부세와 요역이 공평해진다

호적은 집 또는 가족을 단위로 그 구성원들의 신분관계 등을 기록한 공문서이다. 조선 시대에 호적은 국가에서 부세賦稅·요역傜役 징수 및 백성의 실태를 파악하기 위한 호구 조사사업의 일환으로 작성했다. 다산은 "호적은 모든 부세의 근원이며 모든 요역의 근본이니 호적이 정비된 후라야 부세와 요역이 균평해질 것이다"라고 하였다. 그러나 다산이 살았던 조선 후기에는 이미 호적이 문란하여 이미 그 폐해가 심하였다. 그래서 다산도 "수십 년 이래로 수령된 자가 전혀 일을 돌보지 아니하니 아전의 횡포와 농간이 끝날 바를 모르게 되었는데 호적은 그중에서도 더욱 심한 것이다"라고 하며 비판하였다.

장차 호적을 정비하려거든 먼저 가좌를 살피고 허실을 자세히 알아야 한다

다산은 "장차 호적을 정비하려거든 먼저 가좌家座(집의 위치)를 살피고 허실을 자세히 알아야 이에 증감을 행할 수 있으니 가좌의 장부를 소홀히 해선 안 된다"고 하였다. 다산은 이 대목에서 매우 상세한 논의를 통하여 수령된 자에게 도움을 주고자 하였다. 그러나 여기서는 그 골자만 정리하겠다. 수령은 취임한 지 10일이 지나면 노숙한 아전 중에 글 잘하는 자를 몇 사람 불러 그 고을의 지도를 작성케 하는데, 그 지도에는 산천과 도로는 말할 것도 없고 기와집과 초가집의 현황도 자세히 기록하여 백성들의 잘살고 못사는 것을 알 수 있도록 한다. 이 지도가 완성되면 가좌책家坐冊을 만드는데 가좌책이란 집의 토지와 자산을 미세한 부분까지 기록한 장부이다. 이 가좌책은 수령이 백성들에게 신임을 얻게 된 후에야 만들 수 있는데, 가좌책을 만들 때는 민첩하고 너그럽고 노련한 아전 3, 4인을 뽑아 "너는 모某 면에 가서 이 가좌책을 작성하되 일 자 반 구라도 어긋남이 있으면 죄를 주겠다"라고 하고 다음과 같이 당부하도록 하였다.

내가 이 가좌책을 작성하는 것은 악착같이 집을 찾아내거나 장정을 찾아내고자 함이 아니며, 부세를 더 부가한다거나 백성을 괴롭히자는 것이 아니다. 이미 백성의 수령이 되었으니 직책상 당연히 백성을 잘 다스려야 할 것이다. 백성의 윤택하고 메마름과 그들의 허실을 응당 자세히 알아야 하지 않겠는가? 이 뜻으로써 백성들에게 알리되 혹 놀라거나 의혹되게 해서는 안 될 것이다.

그리고 여기서 그치지 않고 수령이 별도의 심복을 따로 내보내어 임의로 살펴 아전들의 농간을 적발하고 탐문하여 하나라도 속임이 있으면 죄를 면치 못하리라는 것을 아전들에게 엄하게 일러야 한다고 하였다. 이렇게 해서 가좌부가 완성이 되면 수령은 새 호적부를 만들어 공평하게 시행해야 한다.

백성들이 농간을 부리는 것을 조사하여 엄금해야 한다

다산은 "나이를 높이는 자, 나이를 낮추는 자, 거짓으로 유생이라고 하는 자, 관작을 거짓 꾸며 행세하는 자, 거짓으로 홀아비라고 하는 자, 거짓으로 호적에 과거에 합격했다고 올리는 자는 모두 조사하여 엄금해야 한다"고 하였다. 그리고 다음과 같이 부연하였다.

군첨軍籤은 이미 괴로운 것이 되어 온 나라 사람들이 본성을 잃고 아버지를 바꾸고 할아버지를 고쳐서 관직을 모칭하여 충효를 가칭하여 군역을 면제받기를 도모한다. 이것이 수십 년 후에는 드디어 묵은 기록이 되었는데, 위조한 자가 그 자식에게 거짓 모칭했다고 말하지 않았으니 그 자손은 마침내 거짓으로 모칭한 것을 정말 관작을 받은 것으로 여기게 된다. 관가에서 혹 이것을 밝혀내면 슬피 울고 억울하다 말하니 그들의 미혹을 풀어주기가 역시 어렵게 된다.

5. 평부平賦: 부역을 공평하게 하라

부역이 공평하지 않으면 정치가 아니다

평부는 부역을 공평하게 하는 것이다. 다산은 "부역을 공평하게 하는 것은 수령이 할 일 일곱 가지 중에서 중요한 임무이다. 무릇 고르지 못한 부세는 징수해서는 안 되니, 저울 한 눈금만큼이라도 공평하지 않으면 정치라고 할 수 없다"

고 하였다. 그리고 다음과 같이 부연하였다.

"지금 부역이 공평하지 않아 1만 집이 있는 고을에 9천 집은 부역을 도피하고 오직 홀아비와 과부와 병들고 불구가 된 사람들만 부역에 응하고 있다. 백성의 수령된 자로서 이를 서서 보고만 있을 것인가. 수령이 할 일 일곱 가지는 누가 제정한 것인지 알 수 없지만 그러나 농업과 양잠을 일으키는 것과 집 수를 늘리는 것에 관한 것은 수령이 갑자기 힘을 써서 될 수 있는 것이 아니다. 학교를 일으키는 것과 군정을 바로 하는 것은 오히려 급한 것이 아니며, 송사를 간략히 하는 것과 간악하고 교활한 짓을 금하게 하는 것은 파악하기도 어렵다. 오직 부역을 공평하게 하는 것 이 한 가지 일은 날마다 내 손에 닿는 일이므로 마땅히 마음을 다해야 할 것이다. 부역은 가볍게 해주는 것이 좋으니, 공용公用의 허실을 잘 살펴보면 그 거두어들이는 것을 가볍게 할 수 있을 것이다. 부역은 공평하게 하는 것이 좋으니 호적에서 누락된 것을 조사하면 거두어들이는 것이 고르게 될 것이다."

민고民庫로 인한 수탈 때문에 백성들은 살 수 없게 되었다

민고는 조선 후기 지방관청의 비용을 감당하기 위해 지방민에게 받은 돈과 곡식을 쌓아둔 창고이다. 민고는 농민이 국가에 내는 세금 이외의 잡역 부담을 덜기 위한 공동체적인 납세 방법으로, 원래 취지는 백성의 부담도 줄이고 업무를 간편하게 하자는 것이었다. 그러나 재원을 지나치게 지출하거나 했을 때 그것을 보충하는 과정에서 부정·부패가 많이 발생하였고, 삼정의 문란, 관리의 부패 등으로 인해 농민들이 살기 힘들어지면서 농민항쟁의 원인이 되었다.

다산은 "전부田賦 외에 가장 큰 부담은 민고이다. 혹은 토지에 부과하고 혹은 집에 부과하는데, 비용이 날로 많아져 백성들은 살 수가 없게 되었다"고 하였다. 그리고 부연하여 "민고의 폐단은 그 근원이 두 가지인데, 아전들은 거기에 관여되어 있지 않다. 하나는 감사가 함부로 위엄을 부리는 것이요, 다른 하나는 수령이 마음대로 탐욕을 부리는 것이다. 이 두 가지 근원이 없으면 본래 민고가 없을 것이요, 아전들도 그들의 농간이 용납될 곳이 없을 것이다"라고 하였다. 다

산은 민고의 폐단이 감사와 수령에게서 나온 것임을 강조하
였다.

교묘한 명목으로 수령의 주머니로 들어가는 것은 모두 없애야 한다

다산은 "교묘한 명목을 만들어 수령의 주머니로 들어가는 것은 모두 없애야 한다. 여러 가지 조목 중 허위로 만들어진 것은 다 삭제해서 백성들의 부담을 가볍게 해주어야 한다"고 하였다. 그리고 조선 중기의 문신 청련靑蓮 이후백李後白, 1520-1578의 행적을 예로 들었다.

청련 이후백이 영북(함경도)의 감사로 있을 때 오래된 폐단을 모두 없애고 각 군현에서 부과 징수하던 것을 거의 다 삭감해 버리니 크고 부유하던 고을의 관아도 드디어 쇠잔하게 되었다. 그 후 수령들이 혹 근거 없이 다른 명목의 세금을 징수하니 결국 백성들이 괴롭게 되었다. 백호白湖 임제林悌가 시를 지어 애석하게 여기기를 "서리 바람에 혜초가 꺾이고 옥이 흙에 묻히니, 한때의 맑은 덕망이 사대부들을 감동시켰네. 슬프다

세금을 지나치게 적게 받는 것 계속하기 어려우니, 상국相國이 백성의 병 고치려다 병을 주었구나"라고 하였다. 살피건대 이후백의 정사는 천리天理의 공정公正에서 나온 것이다. 임제가 시를 지어 기롱한 것은 본래 물정에 어두운 선비의 소견일 뿐인데, 온 세상이 이 시를 전해 외워 명언으로 삼고 있는 것은 모두 세속의 의논들이라 언급할 필요도 없다.

폐단이 있는 것은 없애야 하고, 백성을 이롭게 하는 일이 아니면 해서는 안 된다

다산은 "폐단이 없는 것은 그대로 두되 폐단이 있는 것은 이를 없애야 한다"고 하였다. 그리고 반드시 없애야 할 것으로 고마법雇馬法을 들었다. 고마법은 말을 세내는 것으로 법전에도 없는 것이다. 게다가 수령은 부임지에 내려올 때 쇄마가刷馬價(수령이 말을 타고 오는 비용) 3백 냥을 이미 국고에서 받았고, 수령의 행차 때 저치미儲置米(비상시를 대비하여 국가에서 비축한 쌀) 4, 5섬씩을 모두 회계상으로 감하였다. 그럼에도 불구하고 수령은 부임할 때 말을 세내어 타고 온다. 그러나 그로 인한 비용은 결국 백성들의 고혈을 짜서 나온 것이니,

반드시 폐지해야 한다는 것이다.

다산은 "역역力役(백성이 노동력을 제공하는 요역)의 부과는 신중히 하되 줄여야 한다. 백성을 위해서 이로운 일이 아니면 해서는 안 된다"고 하고, 또 "아무런 명목도 없는 것이 한때의 잘못된 관례로 생긴 것은 마땅히 급히 없애 버려야 하고 그대로 따라서는 안 된다"고 하였다.

6. 권농勸農: 농사를 권장하라

권농은 수령의 으뜸가는 책무이다

권농은 농사를 권장하는 것이다. 다산은 "옛날의 현명한 수령은 권농을 부지런히 하는 것을 자기의 명성과 공적으로 삼았으니 권농은 수령의 으뜸가는 책무이다"라고 하였다. 그렇다면 권농에서 가장 중요한 것은 무엇인가? 다산은 "권농의 요체는 세금을 덜어 주고 부역을 가볍게 함으로써 그 근본을 북돋아 주는 데 있으니, 그렇게 하면 토지가 개간되고 넓혀진다"고 하였다. 그리고 퇴계 이황의 손자인 동암東巖 이영도李詠道, 1559~1637의 행적을 예로 들었다. 이영도가 연

184

원찰방이 되었는데 그때 충주목사가 결원이어서 이영도를 겸임시키니 지방 백성들이 크게 기뻐하였다. 때는 한창 임진왜란과 기근 속에 있었는데 재력을 다하여 굶주린 백성을 구휼하고 사람들을 보집하여 수천 경의 밭을 경작하니 가을에 크게 풍년이 들어 곡식 만곡을 거두었다. 전란으로 황폐된 당시에 이 고을에 곡식의 비축이 있게 된 것은 여기서 비롯되었다.

권농의 요점은 오직 곡식을 심고 가꾸는 것만을 권장하는 것이 아니다

다산은 "권농의 요점은 오직 곡식을 심고 가꾸는 것만을 권장하는 것이 아니라 나무를 기르고 목축을 하며 누에를 치고 길쌈 등도 권장하지 않으면 안 된다"고 하였다. 또 "농사는 먹는 것의 근본이 되고 양잠은 입는 것의 근본이 된다. 그러므로 백성들에게 뽕나무를 심어 가꾸게 하는 것은 수령의 중요한 임무이다"라고 하였다. 그리고 조선 중기의 명신 오리梧里 이원익李元翼, 1547-1634의 행적을 예로 들었다. 이원익이 안주安州목사로 있을 때에 평안도 지방에 양잠이 성했으나 안주에만 유독 뽕나무가 없었는데 토질이 적합지 못한 때문이라고 전해왔다. 이원익이 각 동네에 지시하여 집집마다 뽕나무 씨를 파종케 하니 몇 해 안 가서 뽕나무가 줄을 지어 숲을 이루었다. 지금까지 이를 '이공상李公桑(이공의 뽕나무)'이라고 한다.

농사는 소를 부려서 짓는 것이니 도살을 경계하고 목축을 권장하여야 한다

다산은 소에 대해 강조하며 "농사란 소를 부려서 짓는 것이니 관청에서 소를 제공하기도 하고 백성들에게 소를 빌려주도록 권장하고 또한 권농하는 데 항상 힘써야 할 것이다"라고 하였다. 또 "농사는 소를 부려서 짓는 것이니 진실로 농사를 권장하려면 마땅히 도살을 경계하고 목축을 권장하여야 한다"라고 하였다. 다산은 박제가朴齊家가『북학의北學議』에서 "율곡 이이는 평생 소고기를 먹지 않으면서 '이미 소의 힘으로 지은 곡식을 먹고 또 그 고기를 먹는 것이 옳겠는가'라고 한 말을 인용하며 참으로 당연한 이치라고 하였다.

제7편

예전 6조禮典六條

1. 제사祭祀: 제사를 정성껏 지내라

서원과 사당을 정비하여 옛 사람의 정신을 되살려야 한다

여기에서 제사는 목민관이 사당이나 서원에 지내는 제사와 하늘에 지내는 기우제 등을 가리킨다. 다산은 "문묘의 건물이 퇴락했거나 사직단과 여단 등의 제단이 허물어진 데가 있다든지 제복祭服이 아름답지 못하고 제기가 깨끗하지 못하다면 모두 마땅히 이를 보수하고 손질해서 신에게 부끄럽지 않도록 한다"고 하였다. 그리고 "마음에 느끼는 바가 있어 고적古跡을 방문해서 숨어 있는 정신을 드러내는 것도 또한 어진 수령이 힘쓸 바이다"라고 하였다.

고을에 음사淫祀가 있으면 선비와 백성들을 깨우쳐서 헐어 버려야 한다

다산은 "혹시 고을에 음사가 있어 잘못된 관례가 전해 오는 경우에는 마땅히 선비와 백성들을 깨우쳐서 이를 헐어 버리도록 도모할 것이다"라고 하였다. 그리고 고려 후기의 명신 역동易東 우탁禹倬, 1263-1342의 행적을 예로 들었다. 우탁이 영해부 사록이 되었는데, 백성들이 팔령신八鈴神(방울소리를 내는 여덟 요귀)에 혹하여 제사 지내기를 매우 난잡하게 하였다. 우탁이 부임하여 즉시 그것을 부수어 바다에 넣어버리니 음사가 끊어졌다고 한다.

기우제를 드릴 때는 성의를 다해야 하고 제문도 스스로 지어야 한다

다산은 "기우제는 하늘에 비는 것이다. 요즈음 기우제는 아주 성의 없이 아무렇게나 하고 난잡하니 크게 예가 아니다"라고 하였다. 또 "기우제의 제문은 마땅히 스스로 새로 지어야 한다. 더러 예전의 제문을 그대로 쓰기도 하는데 이는 매우 예가 아니다"라고 하였다. 다산은 기우제의 제문은 4언으로 지어야 읽는 소리가 잘 조화된다고 하며 계곡谿谷 장유張維, 1587~1638가 군수로 있을 때 지은 기우제문(용왕에게 드린 제문)을 예로 들었다.

이렇게 가무니 누구의 허물인가. 봄부터 여름이 가도록 비 한 방울 없구나. 기장과 피가 마르고 보리는 익지 않으니, 백성들이 병들고 굶주리면 무엇으로 낫게 하리오. 굼실굼실 신물神物이 영추靈湫에 있어 구름을 뿜어내고 비를 내려 위덕威德을 펴야 하거늘, 감추고 들어앉아 비를 내리지 않으니 무엇을 요구하여 우리 백성을 굶어죽게 하십니까. 수령이 소임을 다하지 못하여 신의 주벌誅罰을 범했으니 죄는 정녕 이 몸에 있으니 백성이 무슨 죄가 있습니까? 살찐 희생과 맑은 술과 포와 젓갈을 갖추어, 올리고 권하여 신께서 즐거워하시기를 바랍니다. 신께서는 먹고 마시고 신비로운 조화 부리시어 천둥을 울리고 번개를 쳐서 하늘을 진동시켜 주룩주룩 단비를 천하에 내려 타고 마른 것 적셔 주어 만물을 소생시켜 주시면 영원토록 제사를 드려 변하지 않으리다.

2. 빈객賓客: 손님 접대를 잘 하라

빈객을 대접할 때는 너무 후해서도 안 되고 너무 박해서도 안 된다

빈객은 관청을 찾아온 손님을 일컫는다. 다산은 "빈객 접대는 오례五禮의 하나이다. 빈객을 대접하는 물품이 너무 후하면 재물을 낭비하게 되고, 너무 박하면 환대하는 뜻을 잃는 것이다. 선왕은 이것을 위해 중정中正에 맞도록 예법을 만들어 후한 경우라도 지나치지 않게 하고 박한 경우도 줄이지 못하게 하였으니, 그 예를 제정한 근본을 소급해 보지 않을 수 없다"고 하였다. 그리고 다음과 같이 부연하였다. "지금 감사가 그 관할 구역을 순행할 때 군현에서 제공하는 바가 아무런 절제도 없이 풍성하고 사치스러운 것만 힘쓰고 있어 그 변籩(제기)·두豆(제기)·형鉶(국그릇)·조俎(고기 담는 그릇)의 수가 태뢰太牢의 10배나 된다. 대개 『국조오례의』에서 정한 것은 너무 박하고 검소하여 인정에 가깝지 않았기 때문에 넘치고 허물어져 이 지경에 이르게 되었다. 삼대三代의 전장典章을 상고하지 않고 경솔하게 일시적인 법제를 세운 경우 이와 같이 무너지지 아니한 적이 없었다.”

순력巡歷의 법을 고치지 않으면 도탄에 빠진 백성을 건져낼 길이 없다

순력은 감사가 관할 구역을 순행하는 것이다. 다산은 “오늘날 감사의 순력은 천하의 큰 폐단이다. 이 폐단을 개혁하지 않는다면 부역이 번거롭고 무거워 백성들이 모두 못살게 될 것이다”라고 하고, 또 “순력의 법을 고치지 않으면 도탄에 빠진 백성을 건져낼 길이 없다”고 하였다. 그렇다면 감사의 순력이 폐단이 된 이유는 무엇인가? 다산은 감사가 관내를 순행함으로 인해 논밭의 조세가 증가하고, 아전들의 수를 줄이지 못하고, 도자기나 유기를 만드는 마을은 파산되며, 사찰은 날로 피폐해진다. 또 감사의 순행 때문에 어부는 물고기를 잃고, 닭을 기르는 이는 닭을 잃으며, 바닷가 상인들은 전복과 조개를 잃고, 산골 백성들은 삼과 메밀을 잃어버린다고 하였다.

상관을 대접할 때라도 예법을 넘어서면 안 된다

다산은 "옛날의 어진 수령은 그 상관을 대접하는 것이 감히 예법을 넘어서지 않았다. 그 아름다운 행적은 다 책에 실려 있다"고 하였다. 그리고 당나라의 하역우何易于의 행적을 예로 들었다.

당나라 하역우가 익창益昌의 수령이 되었을 때이다. 자사 최박崔樸이 배를 띄워 봄놀이를 하려고 익창에 와서 백성들을 동원하여 배를 끌고 가게 하자 하역우가 손수 배를 당겼다. 최박이 놀라 그 사정을 물으니 하역우는 "지금은 바야흐로 봄이라 백성들이 밭갈이가 아니면 누에치기에 급급한 중이고 오직 이 하역우만이 아무 할 일이 없으니 이 일을 대신할 수 있습니다"라고 하였다. 자사는 불안하여 곧 말을 타고 가버렸다.

임금의 행차가 지나갈 때에도 백성을 괴롭혀 가면서 아부해서는 안 된다

다산은 "옛 사람들은 내시가 지나갈 때에도 오히려 바른 주장으로 그를 억제했으며, 심한 경우에는 임금의 행차가 지나갈 때에도 오히려 감히 백성을 괴롭혀 가면서 임금에게 아부하지 않았다”라고 하였다. 그리고 송나라의 명신 장요蔣瑤의 행적을 예로 들었다.

장요가 양주楊州 태수로 있을 때의 일이다. 무종武宗이 남쪽으로 순행을 나갔는데, 회淮의 태수인 설빈薛斌이 물가의 민방民房(백성들의 집)을 철거하여 배 끄는 인부에게 편리하게 하였고, 밧줄은 모두 백성들의 비단을 토색하여 만드니 양회兩淮(회남과 회북지역) 지방이 크게 소란하였다. 황제의 행차가 양주를 지날 때 장요는 홀로 민방을 철거하지 않고 “물 연변은 황제가 발을 딛지 않는 곳이며, 또 본래 강 언덕이 있어 인부들이 다닐 수 있으니 하필이면 민가를 헐 것까지야 있겠는가. 죄가 있으면 나 자신이 당하겠다”라고 하였다. 무릇 사람의 무덤을 깔아뭉개고 인가人家를 헐어서 감사監司가 지나갈 길을 넓히는 자는 부끄러운 줄을 알아야 할 것이다.

3. 교민敎民: 백성 교육에 노력하라

교육을 일으키지 못하면 백성을 잘 다스릴 수 없다

교민은 백성들을 가르치는 것이다. 다산은 "목민관의 직분은 백성을 가르치는 일일 따름이다. 밭의 생산을 고르게 하는 것도 장차 가르치기 위함이요, 부세와 요역을 고르게 하는 것도 장차 가르치기 위함이요, 관청을 설치하여 수령을 두는 것도 장차 가르치기 위함이요, 죄를 밝히고 법규를 갖추는 것도 장차 가르치기 위함이다. 모든 정사가 닦여지지 않아서 교육을 일으킬 겨를이 없었으니, 이것은 백세에 이르도록 잘 다스린 적이 없었기 때문이다"라고 하였다.

가르치지 아니하고서 벌을 주는 것은 백성을 속이는 것이다

다산은 "가르치지 아니하고서 형벌하는 것은 백성을 속이는 것이다. 비록 흉악한 불효자일지라도 일단 가르치고 나서 고치지 아니하면 죽일 것이다"라고 하고, 조선 숙종 때의 명관 박세량朴世樑의 행적을 예로 들었다. 박세량이 신창

^{新昌} 현감이 되었을 때, 포악한 놈이 자신의 어머니를 어머니로 여기지 않았는데, 그 어미가 관아에 가서 하소연하니 수령은 그를 잡아 고을 감옥에 구금하였다. 이웃 사람들은 그의 죄상을 늘어놓으며 용서해서는 안 된다고 청원하였는데, 박세량은 슬퍼하며 "그도 사람인데 가르치지 않고서 죽이는 것은 상서롭지 못하다" 하고 모자간의 은의^{恩義}와 선악의 분별을 들어 비유해서 깨우쳐주었다. 그러자 그는 깨닫고 새사람이 될 것을 빌었다. 박세량이 그의 죄를 풀어주고 후하게 주어 보내면서 돌아가 봉양하도록 하니, 그는 드디어 태도를 고쳐 어머니를 잘 봉양하여 효자로 일컬어졌다.

과격한 행동이나 편협한 의리를 숭상해서는 안 된다

다산은 "과격한 행동이나 편협한 의리 같은 것을 숭상하고 장려하는 폐단을 열어놓지 말아야 그 의리가 정밀한 것이다"라고 하였다. 그리고 다음과 같이 부연하였다. "효는 인륜의 지극한 것이다. 그러나 평소에 유순한 모습과 부드러운 낯빛으로 우선 부모의 뜻을 받든다는 생각으로 부모의 마음을 봉양하는 것은 한 고을에 드러날 수 없다고 생각해서 손가락을 자르거나 허벅지 살을 베어서 처참한 절의를 만드는 자가 많다. 비록 그 뛰어난 행실은 사람마다 따라갈 수 없지만 대저 손가락을 자르고 허벅지 살을 베는 것은 순임금과 증자가 행한 바가 아니요, 주공과 공자가 말한 바도 아니며, 구경九經이 남긴 글에도 고증할 바가 없다.”

4. 흥학興學: 교육을 진흥시켜라

학교 교육이 독서에 그쳐서는 안 된다

흥학은 배움을 일으키는 것이다. 목민관은 배움을 일으켜 백성들을 잘 교육시켜야 한다. 다산은 “옛날의 소위 학교에서는 예禮를 익히고 악樂을 익혔다. 그런데 지금은 예가 무너지고 악이 무너져서 학교 교육은 독서에 그치고 있을 뿐이다”라고 하였다. 그리고 다음과 같이 부연하였다.

옛날 태학에서 노인을 봉양하는 예를 행하여 효행을 일으키고, 연장자를 공경하는 예를 행하여 윗사람을 공경하는 풍속을 일으키고, 고아를 보살피는 예를 행하여 사람들로 하여금 저버리지 않도록 하였다. 이것이 효孝·제悌·자慈로 태학의 종지가 된 것이다. 목민관은 마땅히 이런 생각을 가지고 학궁學宮에서 양로의 예를 행하고 향음鄕飮의 예를 행하여 효제를 일으켜야 한다. 혹 최근에 외적의 난리를 겪어 백성이 국가를 위하여 목숨을 바친 자가 있으면 그 고아들을 돌보아 주어 고아를 구휼하는 뜻이 있어야만 족히 제도가 갖추어졌다고 할 수 있다. 난리를 겪은 지 오래되었으면 창의倡義한 집의 자손을 두루 방문하고 봄에 학궁에서 잔치를 베풀어 주는 것이 역시 충성을 권장하는 중요한 일이다.

학덕이 높은 사람을 초빙하여 스승으로 삼아야 한다

다산은 "배움이란 스승에게서 배운다는 것이다. 스승이 있는 후에 배움이 있는 것이니, 학덕이 높은 사람을 초빙하여 스승으로 삼은 후에야 배움의 규칙을 논의할 수 있는 것이다"라고 하였다. 다산은 배움을 일으키려면 현인賢人을 학교에 초빙하여 생도를 가르치게 하는 것이 가장 우선되는 일인데, 우리나라에서는 오직 영남에서만 이 일을 논의할 수 있고 다른 곳에서는 쉽지 않을 것이라고 하였다. 그리고

"단아하고 방정한 자를 뽑아 교장으로 삼고 그를 모범으로 삼아 예로써 대우하여 염치를 기르게 해야 한다"고 하였다. 다음과 같이 부연하였다.

향교에서 일을 맡은 자는 교장校長 1명, 장의掌議 1명, 색장色掌 2명이다. 변방 먼 곳에는 사족士族은 적고 토족土族은 많은데, 사족이 그들과 어울리는 것을 수치스럽게 여기고 결코 왕래하지 않는다. 이에 토족이 향교를 독차지하여 소굴로 삼는데, 이들은 불학무식不學無識한 자들이다. 무리로 나누어 작당하여 알력이 생기면 남의 숨은 약점을 들춰내고 다투기를 정권 다투듯이 한다. 간사한 아전과 결탁하여 감사에게 헛소문을 전하고, 수령이 총애하는 기생과 서로 통하여 뇌물을 바치며, 항상 아전과는 스스럼없는 사이가 되어 너니 나니 하고, 늘 술집에서 아침저녁으로 싸움질만 한다. 그들이 궁리하는 것은 부잣집 자식을 끌어들여 재임齋任(향교의 일을 맡아보던 임원)이 되게 하여 제사를 집사執事하도록 하여 뇌물을 받아 취하고 배불리는 것뿐이다. 수령은 마땅히 이런 풍속을 알아서 단아한 선비를 선발하여 재임으로 삼아야 한다.

5. 변등辨等: 신분 구별에 유념하라

신분의 등급이 문란해지면 백성들의 기강도 무너진다

변등은 신분의 등급을 엄격하게 구별하는 것이다. 다산은 "변등이란 백성을 안정시키고 그 뜻을 안정시키는 것이 요체다. 등급이나 위엄이 명확하지 않아서 지위나 계급이 문란하면 백성이 분산되고 기강이 없게 된다"고 하였다. 또 "무릇 변등의 정사는 오직 소민을 징계하자는 게 아니라, 중간층이 상층을 범하는 것도 역시 미워해야 할 것이다"고 하였다.

세력 있는 집안의 죄악은 징벌하고 가난한 선비의 사소한 잘못은 너그럽게 처리해야 한다

다산은 "귀족들이 이미 쇠잔해지면 천한 부류들이 서로 헐뜯으니 관장이 이를 다스릴 때 그 실정을 잃는 수가 많다. 이것이 또한 오늘날의 속된 폐단이다"라고 하였다. 그리고 다음과 같이 부연하였다.

가난한 선비가 시골에 살면 저절로 자질구레한 비방이 많고,

천민들이 함부로 날뛰고 수령과 아전이 결탁하여 몰래 모함을 하는 소리를 퍼뜨린다. 관찰사는 관문을 보내어 강도와 같이 포박하여 차꼬를 채우는 욕을 보이니, 가난한 선비가 한번 이 욕을 당하면 머리를 떨어뜨리고 의기가 꺾여서 다시는 한마디의 말도 못한다. 기강의 붕괴가 주로 이 때문이다. 등급이 높고 세력이 있는 가문에서 백성들의 땅을 빼앗고 민간 부녀자를 강간하는 등 그 죄악이 온 거리에 떠들썩하게 드러나는 경우는 징벌하여 다스려야 할 것이다. 진실로 그렇지 않아서 자질구레하게 쌀이나 소금 정도를 가지고 법에 걸리는 경우는 수령이 그저 너그럽게 보아주되 먼저 훈계하고 이어서 몰래 알아보면 이것으로 족히 그런 짓을 그만두게 할 수 있으니, 경솔하게 꺾어버릴 필요는 없다.

6. 과예課藝: 과거공부를 권장하라

과거공부는 사람의 심성을 파괴하는 것이지만 그 공부를 권하지 않을 수 없다

과예는 과거합격에 필요한 재예才藝를 권장하는 것을 이른 것이다. 다산은 "과거 공부는 사람의 마음씨를 파괴하는 것이지만 관리를 등용하는 과거법을 고치지 않는 한, 그 공부를 권하지 않을 수 없으니 이를 일러 과예라고 한다"라고 하였다. 또 "과예도 마땅히 정원이 있어야 한다. 천거하여 선발하되 시험을 거쳐 편성한 후에 과거공부를 권장해야 한다"라고 하였다.

과거제도로 인하여 비속해진 문체를 바로잡아야 한다

다산은 "근세 이래로 문체가 비속해져 구법은 경박하여 어그러졌으며 편법篇法도 짧고 촉급해졌으니 이를 바로잡지 않으면 안 된다"라고 하였다. 또 "시부詩賦라는 것은 본래 경술과 경륜 이외에 사조까지도 요구하여 백가에 넘나들고 만물을 아로새기고자 하는 것이니, 이는 후세의 소위 문장학이다. 본래 허황한 글이니 그만두는 것이 진실로 좋다. 그러나 이미 그 명목이 있으니 마땅히 문체를 바로잡아야 한다"라고 하였다. 그리고 다음과 같이 부연하였다.

수십 년 전부터 또 하나의 폐습이 생겼으니, 시부의 제목을 모두 경서經書의 소주小註에서 출제하고 있다. 성리性理와 도학道學이 어찌 시부에 맞겠는가? 표준이 이미 그와 같은 데다 서로 전하고 모방하니 시골의 공부에도 모두 이와 같이 하기 때문에 글의 풍격이 날로 저속해져 누추한 구와 악편惡篇을 바로 볼 수가 없다. 중고 시대의 작품으로 거슬러 올라가 보면 예컨대 백사 이항복, 한음 이덕형, 삼연 김창흡, 도암 이재 등의 세상에 이름난 작품은 모두 문장가의 좋은 글이다. 만일 그들로 하여금 오늘날 출제되는 제목으로 글을 짓게 한다면 반드시 그와 같은 청경淸警한 글을 짓지 못할 것이다. 관각의 여러 관리들이 왜 이러는지 알지 못하겠다. 동요와 속담도 모두 세상 돌아가는 것에 관계되는데, 과시가 비록 속된 것이지만 그 풍격의 성쇠는 생각하지 않을 수 없다. 또 재생諸生이니 선생이니 하며 경술을 숭상한다면서 이와 같이 출제할 것인가? 정녕 그래서는 안 된다.

제8편
병전 6조兵典六條

1. 첨정簽丁: 병무행정에 충실하라

첨정의 법을 고치지 않는다면 백성은 모두 죽게 될 것이다

첨정은 군역軍役을 위해 젊은이를 뽑는 것으로 오늘날의 병무 행정에 해당한다. 다산은 "첨정하여 군포를 거두는 법은 양연梁淵에서 시작되어 오늘에 이르렀는데 폐단이 크고 넓어서 백성들의 뼈를 깎는 병폐가 되었다. 이 법을 고치지 않는다면 백성은 모두 죽게 될 것이다"라고 하였다. 그리고 군포軍布의 폐단에 대해 다음과 같이 설명하였다.

대저 군포라는 것은 이름 그 자체가 바르지 못한 것이다. 황
제가 군사를 조련한 이래로 양병을 하였다는 것은 들었어도
군포를 거두었다는 것은 듣지 못하였다. 당우삼대의 제도에
백성을 뽑아 병사로 삼고 이들에게 전답을 주었으니, 이른바
정전井田이라는 것은 군전軍田이 아닌 것이 하나도 없다. 그 양
병하는 것이 이러하다. 한나라와 위나라 이후로 둔전을 두어
양병하였다. 혹 법도가 없는 시대에도 나라의 재물을 다 써서
양병할지언정 군포를 거두었다는 이야기는 듣지 못하였다.
군대에 나가지 않는 자는 재물을 내고 군대에 나가는 자는 목
숨을 바치는 것이 옛날의 도리였다. 장차 군대에 목숨 바치기
를 요구할 사람에게 먼저 재물을 내라고 요구하니 이런 이치
가 있을 수 있는가.

다산은 장차 군대에 목숨 바치기를 요구할 사람에게 먼저
재물(군포)을 바치라고 하는 것은 매우 잘못된 일이라고 하
였다. 그러나 첨정의 폐단은 더욱 심해져 걷잡을 수 없는 지
경에 이르렀다. 다산은 다음과 같이 비판하며 통탄하였다.
"지금에는 쇠락한 마을 가난한 집에서 어린아이가 세상에

태어나 고고의 소리를 울리자마자 홍첩紅帖(도장을 찍은 전령)
이 내려온다. 음양의 이치는 하늘이 준 것으로 부부가 교접
이 없을 수 없고, 교접하면 아이를 낳게 되고, 아이를 낳으면
반드시 병적에 올려놓으니, 이 땅의 부모 된 자로 하여금 천
지가 만물을 낳는 이치를 원망하게 하고 집집마다 탄식하고
눈물을 흘리게 하니 나라에 법이 없는 것이 어찌 여기까지
이르렀는가? 심한 경우에는 태중의 아이를 두고 이름을 짓
고, 딸을 아들로 바꾸고, 또 그보다 더 심한 경우에는 강아지
이름을 군안에 올리는 경우도 있으니, 이는 사람의 이름이
아니라 지정한 대상이 진짜 개인 것이다. 절구의 이름에 관
첩을 발급하는 경우도 있으니, 이는 사람의 이름이 아니라
지정한 대상의 이름이 진짜 절구다. 법(대전회통)에는 '4부자
父子의 군역은 그 한 사람에게 면역을 허락한다'고 되어 있으
나 오늘날의 실정은 몸만 있으면 8부자가 군역을 지더라도
감히 원망하지 못한다."

수령은 직접 살펴서 아전이 농간을 부리는 것을 막아야 한다

다산은 "군역 일근一根에 5, 6명을 첨정하여 모두 쌀과 포목을 거두어 아전의 전대에 들어가니, 이를 살피지 않으면 안 된다"라고 하고, 또 "군안과 군부는 모두 정당에 보관하고 엄중하게 자물쇠를 채워 두어 아전들의 손에 들어가는 일이 없도록 해야 한다"고 하였다. 그리고 "군포를 거두는 날에는 목민관이 직접 받아야 한다. 아전들에게 맡기면 백성들의 비용이 갑절이 될 것이다"라고 하였다.

부정한 방법으로 군역의 첨정을 면하려는 자는 엄하게 다스려야 한다

다산은 "족보를 위조하고 직첩을 몰래 사서 군역의 첨정을 면하려는 자는 엄하게 다스리지 않을 수 없다"고 하였다. 그리고 다음과 같이 부연하였다.

"군역의 첨정은 백성의 고통과 독소가 되었기에 모든 방법을 써서라도 면하려고 하여 죄를 범하지 않는 자가 없다. 간사하고 교활한 자가 이러한 사정을 알고 자기 분수에 넘치는 일로 유도한다. 즉 귀족들의 보계를 훔쳐서 그 후손이 없는 파를 잡아서 혈연이 닿지 않는 씨족을 접속시킴으로써 아버지와 할아버지를 바꾸니 돗자리를 비단에 이어 놓은 격이다. 혹은 공신 모 정승이 8대조가 된다고 칭하고 혹은 부마駙馬 아무개가 9대조가 된다고 하고, 혹은 경순왕敬順王의 후예가 된다고 하고, 혹은 문성공文成公 안유安裕의 직계손이라고도 하며, 혹은 강성군江城君 문익점文益漸의 자손이라고도 한다. 심지어는 거짓으로 왕족의 계보를 대어 혹은 효령대군孝寧大君이 9대조가 된다고 하고, 혹은 광평대군廣平大君이 8대조가 된다고 한다. 대개 종반宗班의 자손 중 가난하고 의지할 곳 없는 자가 있는데 그 집에 원래「선원보략璿源譜略」을 관례에 따라 반포 받은 것이 있는데, 이 8권의 책은 1백 냥의 돈을 받을 수 있다. 간사한 백성이 이 진본을 사서 후손이 없는 파에 그 조상의 이름을 대어 그 서법을 모방하고 그 각법을 본떠서 만드니 혜안이 아니면 그 간사함을 발견할 수 없다. 노련하지 못한 수령은 얼핏「선원보략」을 보면 과연 진본에 속한지라 다시 의심하지 않고 곧 군역 면제를 허락하니 수령으로서 몽매한 죄를 어찌 벗어날 수 있겠는가?"

2. 연졸練卒: 군사훈련을 잘 시켜라

지금의 군사훈련은 헛된 일이다

연졸은 군사를 훈련시키는 것이다. 다산은 조선 시대의 군사 훈련에 대해서 "지금의 이른바 연졸은 헛수고일 뿐이다. 첫째 속오束伍, 둘째 별대別隊, 셋째 이노대吏奴隊(하급자들로 편성된 부대), 넷째 수군水軍인데, 법이 갖추어지지 않았으니 훈련도 유명무실하여 형식적으로 규정에 따를 뿐이다. 백성을 괴롭힐 필요가 없을 것이다"라고 비판하였다. 그리고 다음과 같이 부연하였다. "나라를 다스리는 방법은 식량과 병비를 충족하게 하는 데 있다. 식량으로써 안으로 백성을 기르고 군사로써 밖으로 외적을 막는 것이니 나라의 큰 정사는 군사훈련에 있다. 그러나 군사는 반드시 먹여야 하니 옛 임금들은 토지로 군사를 먹였고 후세에는 쌀로 먹였다. 비록 그 먹이는 방도는 달랐지만 먹이지 않았던 것은 아니다. 장차 목숨을 바치게 하려면 반드시 먼저 생활을 넉넉히 해주어 이들로 하여금 군적에 오르는 것을 관직에 오르는 것과 같이 알아서 들어가기를 서로 다투고 물리칠까봐 두려워하게끔 한 후에야 가히 쓸 만한 군대가 될 것이다.”

이노吏奴의 훈련은 가장 요긴한 일이다

다산은 “이노의 훈련은 가장 요긴한 일이다. 3일 전에 미리 연습하여야 한다”고 하였다. 그리고 다음과 같이 부연하였다. “우리나라 군제에 수령의 수하에는 친병親兵이 하나도 없다. 소위 속오와 별대 등은 전란이 일어났을 경우 수령이 모두 인솔하여 진관鎭管에 가서 인계하면 진관은 이를 받아 진영鎭營에 인계한다. 수령은 돌아와서 이노로 대오를 만들어 보초로 삼아 더불어 고을을 지킬 뿐이다. 그러므로 이노의 훈련은 실로 요긴하다. 그런데 매양 보면 각 고을의 연졸하는 날에 가욋일로 명부를 가지고 호명하면 한 번 대답하고 물러나서 훈련하는 일 없이 웃으며 손가락질하며 장난질로 알고 있을 뿐이다. 이는 다른 날 성城을 버리고 수령을 배반하며 소란피우며 도망갈 장본이니 어찌 한심하지 않겠는가.”

3. 수병修兵: 병기 관리를 잘하라

병기는 백 년을 쓰지 않더라도 하루도 갖추지 않을 수 없다

수병은 병기를 잘 관리해야 한다는 뜻이다. 다산은 "병兵이란 병기이다. 병기는 백 년을 쓰지 않더라도 하루도 갖추지 않을 수 없다. 병기를 정비하는 일은 지방을 지키는 신하의 직무이다"라고 하였다. 그리고 다음과 같이 부연하였다.

군현에는 모두 군기고軍器庫가 있고 그 안에 소장된 것은 첫째 활과 화살, 둘째 창과 칼, 셋째 조총, 넷째 화약과 연환鉛丸, 다섯째 깃발, 여섯째 갑옷, 일곱째 활집과 화살통, 여덟째 구리 솥, 아홉째 장막 등이다. 이 밖의 소소한 잡물은 중기重記(관리들의 사무인계 때 주고받는 장부)에 보이는데, 그 파손된 것을 보수하고 그 없어진 것을 채우는 것이 수령의 직무이다. 그러나 나의 생각은 그렇지 않은 바가 있다. 무릇 천하의 물건은 쓰지 않으면 좀 먹고 썩으면 쥐가 파먹거나 곰팡이가 생긴다. 지금 태평한 세상에 앉아서 해마다 돈 천만 전을 소비하여 활과 화살, 창과 칼 등을 만들어 군현의 창고에 보관하면 며칠 못 가서 습기가 차고 안개와 비가 스며들어 화살은 좀 먹고 깃은 떨어지고 쇠는 녹슬고 자루는 썩으며 수놓은 것은 변색되고 포목은 찢어지고 겸초와 화약은 모두 젖어서 불을 붙여도 총소리가 나지 않으며 줄을 당기면 활은 이미 부러진다. 금년에 모두 새롭게 보수하여도 명년이면 다시 먼지와 흙이 되니 만약 불행한 일이 있어도 군기고에 소장한 무기들은 백에 하나도 쓸모가 없게 된다.

그러면 어떻게 하면 되는가? 다산은 군기軍器를 만들 수 있는 물품을 창고에 보관해 두었다가 사방에 위험이 있어 그 조짐이 나타나면 이때를 당하여 한쪽에서는 두드려 만들고 한쪽에서는 칼날을 세우는 등 여기저기서 군기를 제조하면 된다고 하였다. 그리고 조선 선조 때의 명관 신각申恪, ?-1592의 행적을 예로 들었다. 신각이 연안부사가 되었을 때에 정사가 맑고 신중하였으며 성을 쌓고 호를 파고 군기를 많이 갖추어 놓았다. 뒤에 이정암李廷馣, 1541-1600이 연안을 지키다가 임진왜란을 당하여 성을 온전히 보전한 것은 신각의 공이었다.

4. 권무勸武: 무예를 권장하라

무예를 권장하는 것이 오늘날의 급선무이다

권무는 무예를 권장해야 한다는 뜻이다. 다산은 다음과
같이 말하였다.

우리나라 풍속이 부드럽고 조심스러워 무예를 즐기지 않고
익히는 것은 오직 활쏘기뿐이었는데, 그것도 요즈음은 익히
지 않는다. 무예를 권장하는 것이 오늘날의 급선무이다.

다산은 우리나라 풍속은 창과 방패는 무엇인지도 모르고
활과 화살만을 무예로 삼으면서도 활을 만드는 법이 형편없
어 한 번 쏘고는 불에 말리고 한 번 당기면 도지개로 바로잡
아야 하는 등 다루기에 힘들고 부러질까 겁이 난다고 하였
다. 그리고 화살도 만드는 방법이 정교하지 못하여 비와 습
기를 견디지 못하고 날카로운 촉이 없어 어떤 물건도 뚫을
수 없다고 하였다. 그래서 만약 변란이 있게 되면 모두 맨손
이며 가지고 나설 것이 없다고 하였다. 또한 백여 년 이래로

무과武科 과거의 폐단이 점점 심해져서 마침내 전국의 국민들이 한 사람도 활을 잡고 나서는 사람이 없게 만들어 지금은 막다른 지경에 이르렀다고 하였다.

다산은 조선 중기의 명관 눌재訥齋 이태연李泰淵, 1615-1669의 행적을 통해 이러한 폐단을 바로잡을 수 있는 방법을 제시하였다. 이태연이 평안감사가 되었을 때이다. 조정이 평안도 지방민을 변방민으로 여겼고, 평안도 사람들도 이 때문에 스스로 출세하기를 단념하고 있으니 이태연이 이 같은 사정을 임금에게 보고하니 임금께서 매우 옳게 여기고 곧 중신 정지화鄭知和를 보내어 대과를 특별히 실시하여 문신 4명과 무신 400명을 선발하니, 이로부터 평안도민이 크게 기뻐하여 국가에 충성할 것을 생각하게 되었다.

5. 응변應變 : 비상사태에 대비하라

변고에 대응하는 방법을 미리 강구하여야 한다

응변은 변고가 생겼을 때 대응하는 것이다. 다산은 "수령은 곧 병부를 차고 있는 관원이라 기밀에 속한 일 중에 예측

할 수 없는 변고가 많으므로 변고에 대응하는 방법을 미리 강구하지 않을 수 없다"라고 하였다. 그리고 다음과 같이 부연하였다.

"인품의 대소는 국량에 달려 있는데, 국량이 좁은 자는 혹 조그마한 일에 낙담하기도 하고 혹은 허튼 소문에 마음이 동요되기도 하여 드디어 뭇사람의 마음을 소요케 하기도 하고 혹은 여러 사람의 비웃음을 받지만, 국량이 큰 사람이 이 일을 당하면 담소하면서 대처할 것이다. 모름지기 평소에 지난 역사를 두루 살펴서 옛사람이 일을 처리한 전례를 취하여 마음에 배어 있도록 하면, 일을 당하여 두려워하지 않고 올바로 처리할 수 있을 것이다."

유언비어가 생기면 조용히 진압하기도 하고 묵묵히 살피기도 해야 한다

다산은 "유언비어가 일어나는 것은 근거 없이 나돌기도 하고 혹은 기미가 있어서 생기기도 하는 것이니, 목민관은 이에 대응할 때에 조용히 진압하기도 하고 묵묵히 살피기도 해야 한다"고 하였다. 그리고 다음과 같이 부연하였다.

근래 이래로 부역이 무겁고 번거로우며 관리가 탐학하여 백성들이 편안히 살 수 없어서 모두가 난리 나기를 바라고 있기 때문에 요망스러운 말들이 동쪽에서 부르짖고 서쪽에서 화답하니 이들을 법률에 따라 죽인다면 살아남을 백성이 한 사람도 없을 것이다. 그러나 속담에 "유언비어가 거두어져서 보리뿌리로 들어간다"고 하였으니, 보리가 익어서 농사일로 날로 바빠지면 백성들이 서로 왕래하지 못하게 되어 유언비어는 저절로 가라앉는 것을 가리킨다. 이와 같은 것은 들어도 못 들은 척해서 조용히 잠재우는 것이 옳다. 혹 흉악하고 반역하는 무리들이 뜻을 잃고 나라를 원망하며 일을 꾸며서 난리를 일으키려고 하는 경우에는 반드시 먼저 유언비어를 퍼뜨려 백성들의 뜻을 어지럽힌다.

변란이 일어나면 동요하지 말고 사태의 변화에 대응해야 한다

다산은 "무릇 변란이 있을 때는 마땅히 놀라 동요하지 말고 조용히 그 귀추를 생각해서 사태의 변전에 대응하여야 한다"고 하였다. 또 "강도나 유적들이 서로 모여서 난을 일으킨다면 타일러서 항복하도록 하거나 계교로써 사로잡아야 한다"고 하였다. 그리고 고려 중기의 문신 윤위尹威, ?-?의 행적을 예로 들었다. 윤위가 남원부를 염찰할 때, 남원부 경내에 도적이 있었는데 그 패거리를 불러 모아 산에 둔을 쳐서 매우 단단하였다. 윤위가 말 한 필로 남원부에 들어가 화복으로 타이르니 도적이 감동하여 울면서 명령에 복종하였다. 이에 우두머리를 목 베고 남은 자들은 모두 용서해주니 온 경내가 편안해졌다.

6. 어구禦寇: 외적의 침범을 방어하라

외침을 당하면 마땅히 관할지역을 지켜야 한다

어구는 외적을 침입을 막는 것이다. 다산은 "외침의 환란을 당하면 지방을 지키는 신하는 마땅히 관할하는 지역을 지켜야 하며 그 방어책임은 장신將臣과 같은 것이다"라고 하였다. 그리고 고려 철종 때의 명장 박서朴犀, ?-?를 예로 들었다.

고려 철종 때 박서가 서북면병마사로 있을 때였다. 몽고 원수 살례탑撒禮塔이 철주鐵州를 도륙하고 귀주龜州에 이르러

성을 에워싸고 30일 동안 온갖 꾀를 써서 공격하였다. 박서가 기민하게 상황 변화에 대응하여 굳게 지키니 몽고 군대는 이기지 못하고 물러갔다. 당시 몽고 장수 가운데 나이가 70이 된 자가 있었는데 성 아래에 이르러 성루와 기계들을 둘러보고 탄식하기를, "내가 머리를 묶고 종군한 이래 천하의 성지와 공방의 상태를 두루 보았지만 이처럼 공격을 받고도 끝내 항복하지 않는 경우는 보지 못하였다. 성안의 모든 장수는 후일 반드시 모두 장상將相이 될 것이다"라고 하였다. 훗날 과연 박서는 과연 문하평장사門下平章事에 제수되었다.

허하면 실한 것처럼 실하면 허한 것처럼 보이게 하라

다산은 "병법에 이르기를 '허하면 실한 것처럼 보이게 하고 실하면 허한 것처럼 보이게 한다'고 하였으니 이 말을 방어하는 자로서 마땅히 알아야 한다"라고 하였다. 그리고 조선 효종 때의 인물 이완李浣, 1602-1674의 행적을 예로 들었다. 이완이 숙천부사肅川府使로 있을 때이다. 당시 청나라 장수 용골대龍骨大가 5백 기를 거느리고 갑자기 안주安州로 들어와 병사兵使 유비柳斐를 협박하여 안주에 호시互市(외국과 상호 교역을 하는 곳)를 옮기려 하였다. 이에 응하지 않으니 용골대는 칼을 뽑아 유비가 쓴 모자를 치고 또 군사로 성문을 포위하고 지켰다. 이완은 이 소식을 듣고 즉시 군마를 출동해서 깃발을 펼치고 북을 울리며 성 밖을 요란하게 지나가서 계곡 사이에 진을 치고 밤에 쳐들어갈 것이라고 소문을 냈다. 이에 용골대는 달아나 버렸다.

백성을 편안하게 하고 인재를 길러 환난에 대비하라

다산은 "전쟁이 미치지 않는 곳에서는 백성을 어루만져 편안하게 하고 인재를 기르고 농사를 권장하여서 군비의 조달을 넉넉하게 하는 것도 또한 지방을 지키는 직분이다"라고 하였다. 그리고 홍처후洪處厚, 1599~1673의 행적을 예로 들었다.

홍처후가 제천현감으로 있을 때에 청나라 군대가 침입해 왔다. 홍처후는 명령을 내려 사민士民들을 가볍게 움직이지 못하게 하고 건장하고 용맹한 자를 뽑아 방어할 계책을 세웠다. 당시 청나라 철기군이 휩쓰니 모든 고을이 달아나고 무너지지 않은 곳이 없었는데, 오직 제천만 끄떡하지 않았다. 홍무적洪茂績, 1577~1656이 독운관으로 제천에 와서 보고 감탄하기를 그치지 않았다.

제9편
형전 6조 刑典六條

1. 청송聽訟: 송사의 심리를 신중히 하라

청송을 없게 하는 것이 청송을 잘 하는 것보다 낫다

청송은 송사를 듣고 심리審理하는 것이다. 다산은 "청송의 근본은 성의에 있고 성의의 근본은 신독에 있다"고 하였다. 또 "그다음은 먼저 내 몸가짐을 규율하는 것이니, 훈계하고 가르치며 억울함을 풀어 주면 또한 송사하는 일이 없어질 것이다"라고 하였다. 그리고 다음과 같이 부연하였다.

"대저 청송한다는 것과 아예 쟁송이 없게 한다는 것은 그 차이가 실로 크다. 청송은 말과 표정으로써 백성을 교화하는 일이요, 쟁송이 없게 한다는 것은 『시경』의 '밝은 덕은 말과 표정으로써 크게 나타내지 않음을 생각한다'는 뜻이다. 성인은 언제나 신독과 성의를 간직하여 몸 닦음을 생각하는 고로 백성들이 자연히 나와 이르러 우러러보고 두려워하여 감히 진실이 아닌 말을 진술하지 못하는 것이니, 이는 백성을 교화하는 지극한 효험이다. 원래 무릇 천하 만민이란 워낙 빽빽하고 총총하여 집집마다 타이르고 집집마다 달래거나 입과 혀로써 일일이 따질 수 없는 일이다. 그러므로 성인의 도는 통치자가 정성을 지극히 하고 공경함을 독실하게 하면 천하가 저절로 평온해진다는 것이니 이 모두가 아예 쟁송이 일어나지 않게 한다는 뜻이다."

송사를 처리할 때는 반드시 마음을 다해 하나하나 따져야 한다

다산은 "송사 처리를 물 흐르듯 거침없이 하는 것은 타고난 재능이 있어야만 되는 일이니 위험한 방법이다. 송사 처리를 반드시 하나하나 따져 하는 것은 마음을 다해서 되는 일이니 확실한 방법이다. 그러므로 소송을 줄이고자 하는

자는 그 판결이 반드시 늦어지나니 한 번 판결을 내린 후에
는 다시 일어나지 않게 하기 위해서인 것이다”라고 하였다.
송사를 처리할 때 중요한 것은 신속한 것이 아니라 정밀한
것이다. 바쁘게 서둘면 착오를 일으키는 것이 많으니 침착
하고 자세하게 파악하여 판결이 정확하고 정밀해야 한다.
다산은 “무릇 소송에 있어서 급하게 달려와 고하는 자의 말
을 믿지 말고 천천히 그 실상을 살펴야 한다”고 하였고, 또
“한마디 말로 옥사를 결단하여 갈라 판결하기를 귀신처럼
하는 것은 특이한 천재가 있어야 되는 것이니, 보통사람으
로서 마땅히 본받을 바가 아니다”라고 하였다.

**인륜에 관한 소송은 명확하게 해야 하고, 골육끼리 쟁
송하는 경우는 엄하게 처벌해야 한다**

다산은 “인륜에 관한 소송은 천도에 관계되는 것이니 판
결하기를 마땅히 명확하게 해야 한다”고 하였다. 그리고 한
나라의 명판관인 황패黃覇, ?-BC 55의 행적을 예로 들었다.

한나라 황패가 영천태수가 되었을 때이다. 어떤 부잣집에
형제가 동거하고 있었는데, 손아랫동서와 맏동서가 임신을

하였다. 맏동서는 유산을 하였으나 그 사실을 숨기고 있다가 손아랫동서가 아들을 낳자 그 아이를 갖다가 자기 자식이라고 우겨서 쟁송이 3년을 끌어오고 있었다. 황패는 사람을 시켜 그 아이를 안아 오게 하고, 두 동서로 하여금 다투어 가지도록 하니, 맏동서는 움켜잡기를 심히 사납게 하는데 손아랫동서는 혹시라도 다칠까 두려워하는 마음이 심히 애처로웠다. 황패는 맏동서를 꾸짖기를 "네가 재물을 탐내어 이 아이를 얻고자 하는 것이니, 어찌 다칠까봐 염려하겠느냐" 하였다. 맏동서는 처벌을 받게 되었다. 그 당시 후손을 세우는 법이 지금 우리나라의 풍속과 같지 않았기 때문에 이런 기구한 일이 있었다.

다산은 "골육끼리의 쟁송으로 의리를 잊어버리고 재물에 목숨을 거는 자는 마땅히 엄하게 벌을 주어야 한다" 하고, 다음과 같은 예를 들었다.

장씨 성을 가진 한 부자가 늙어서 아들이 없자 자기 집에 사위를 살게 하였다. 후에 첩이 아들을 낳았는데 이름을 일비—飛라 하였고 그 아이가 4살 때 장씨가 죽었다. 장씨는 병이 들자 사위에게 말하기를 "첩의 자식에게는 내 재산을 맡길 수 없으니 마땅히 너희 부부에게 주어야겠다. 너희들은 다만 저 모자를 부양하여 시궁창에서 죽지 않도록 해준다면 곧 음덕이 될 것이다"라고 한 뒤 이에 종이를 내어 쓰기를, '장일, 비오자야, 가재, 진여오서, 외인, 부득쟁탈張一, 非吾子也, 家財, 盡與吾壻, 外人, 不得爭奪(장일은 내 자식이 아니다. 집의 재산을 모두 내 사위에게 주니 외인은 쟁탈할 수 없다)'이라고 하였다. 사위는 이에 모든 재산을 차지하고 의심하지 않았다. 후에 첩의 아들이 장성하여 관가에 고하여 재산을 나누어 갖기를 요구하였다. 사위가 그 문권을 제시하니 관리는 마침내 불문에 붙였다. 후일에 어느 어사가 지나가자 첩의 아들이 다시 고소하자, 사위는 예전대로 나아가 증거를 내보였다. 어사는 그 구절을 고쳐 읽기를 "장일비는 내 아들이니 가재를 모두 준다. 내 사위는 외인이니 쟁탈할 수 없다張一非, 吾子也, 家財盡與, 吾壻, 外人, 不得爭奪"라고 하면서 "네 장인이 분명히 내 사위는 외인이라 하였는데, 네가 아직도 그 가업을 차지하고 있느냐. 일비一飛를 일비一非라고 쓴 것은 그가 어티므로 너에게 해침을 당할까봐 염려했기 때문이다" 하고 이에 판결하여 재산을 첩의 아들에게 주라고 하였다. 사람들이 통쾌하게 여겼다.

묘지에 관한 송사는 판결을 분명히 하지 않을 수 없다

다산은 "묘지에 관한 송사는 이제 폐속弊俗이 되었다. 싸우고 구타하는 살상 사건이 절반이나 이로 말미암아 일어나며, 남의 분묘를 파내는 것을 스스로 효도하는 일이라 생각하니 송사를 분명히 하지 않을 수 없다"라고 하였다. 그리고 사마광의 예를 들어 풍수설에 미혹되어서는 안 된다고 하였다. 사마광이 어버이 상을 당하여 장례를 지내게 되었는데, 가만히 지사地師에게 주의시켜 말하기를 "나에게 선산先山이 있어서 거기에 장사 지내려 하니 너는 다른 말을 하지 말라. 하라는 대로만 하면 돈 2만 전을 네게 줄 것이고, 그렇게 하지 않으면 다른 지사를 쓰겠다"라고 하니, 지사가 "오직 명령대로만 하겠습니다"라고 했다. 그래서 혈을 잡고 좌향을 정하는 일을 모두 사마온공의 말대로 하였다. 이와 같이 풍수설에 구애받지 않았으나 그의 형제는 그처럼 장수하고 부귀를 누렸으니 어찌 화복을 믿어 구차스럽게 지사의 말에 속임과 희롱을 받을 것인가.

다산은 정선의 말을 인용하여 풍수설에 현혹되어 형제지간이 원수가 되는 것을 경계하였다.

정선은 다음과 같이 말하였다. "세상 사람들이 곽박의 풍수설에 미혹되어 길한 묘자리를 탐내어 구하느라 두어 해가 지나도록 어버이를 장사 지내지 않는 자가 있는가 하면, 이미 장사 지낸 산소가 불길하다 하여 한 번 파서 이장하는 데 그치지 않고 3, 4차례에 걸쳐 이장하는 자도 있다. 묏자리를 다투느라 송사를 벌여 어버이 시신이 땅에 들어가기도 전에 집안이 이미 쓸쓸하게 되는 일이 있고, 형제간에 각기 화복이 다르다는 풍수의 말에 빠져 심지어는 골육이 원수가 되는 일도 있다.

곡식이나 돈을 빌리고 갚는 것에 대한 송사는 원칙만 고집해서는 안 된다

송사에도 다양한 종류가 있다. 목민관은 송사의 종류에 따라 적절하게 판결을 태야지 원칙만 고집해서는 안 된다는 것이 다산의 주장이다. 곡식이나 돈을 빌리고 갚는 것에 대한 송사가 대표적이다. 다산은 "채대債貸(곡식이나 돈을 빌리고 갚는 것)에 관한 송사는 마땅히 융통성이 있어야 할 것이니, 혹은 엄중하게 빚을 독촉해 주기도 하고 때로는 은혜롭게 빚을 덜어 주기도 할 것이요, 굳이 원칙만 고집할 것이 아니다"라고 하였다.

2. 단옥斷獄: 형사사건의 판결을 신중히 하라

옥사를 결정할 때는 밝게 살피고 신중히 생각하여 억울한 사람이 없도록 해야 한다

단옥은 옥사를 결정하는 것이다. 다산은 "죄의 유무와 경중에 대한 판단의 요체는 밝게 살피고 신중히 생각하는 데 있을 뿐이다. 사람의 죽고 삶이 나 한 사람의 살핌에 있으니 밝게 살피지 않을 수 있겠으며, 사람의 죽고 삶이 나 한 사람의 생각함에 매여 있으니 신중하지 않을 수 있겠는가"라고 하였다. 그리고 부연하여 다음과 같이 말하였다.

『주역』에 이르기를 "밝게 살피고 신중히 생각해서 형벌을 행함으로써 죄수를 옥에 계류시키지 않는다”고 하였으니, 단옥의 요체는 밝게 살피고 신중히 생각하는 데 있을 뿐이다. 밝게 살피기만 하고 신중하지 아니하면 뜻밖의 판결에 억울함이 많을 것이요, 신중히 생각만 하고 밝게 살피지 못하면 일이 지체되어 결단하기 어려우니, 이것이 어려운 것이다. 능히 밝게 살피고 또 신중히 생각해야만 옥사에 능하다고 할 수 있다.

다산은 송나라의 문신 구양관歐陽觀의 행적을 소개하였다. 구양관은 항상 밤까지 원서爰書(중죄인의 판결문)를 살폈는데, 누차 그 서류를 덮고 탄식하였다. 그 아내가 그 까닭을 물으니 “이것은 사옥死獄이요. 내가 살려줄 길을 찾아도 찾을 수가 없네”라고 하였다.

이처럼 목민관이 옥사를 판결할 때는 밝게 살피고 신중히 처리하여 억울한 사람이 없도록 해야 한다. 특히 큰 옥사가 일어나면 억울한 자가 많으니 매우 신중해야 한다. 다산은 “큰 옥사가 만연하면 억울한 자가 열에 아홉이나 될 것이니, 자기 힘이 미치는 것은 가만히 구해주고 빼내어 주어야

한다. 덕을 심고 복을 맞이하는 것이 이보다 더 큰 것이 없
다"고 하였다. 이는 반란을 도모한 역적들을 처단할 때에도
마찬가지다. 다산은 "그 수괴는 목을 베고 그 연좌된 자들은
관대히 처리해야 억울한 자가 없을 것이다"라고 하였다.

만약 수령이 착각하여 잘못 판결한 경우에는 어떻게 해야
하는가. 다산은 "착각하여 잘못 판결하였다가 그 잘못을 이
미 깨닫고 감히 그 과실을 얼버무리지 않는 것도 역시 군자
의 행실이다"라고 하였다. 그리고 부연하여 "생각건대 다른
일은 잘못을 그대로 두어도 다만 자기 한 사람의 허물이 될
뿐이지만, 옥사는 잘못을 그대로 두면 남의 생명을 해치는
것이다. 반드시 하늘의 재앙이 있을 것이니, 마땅히 이것을
살펴야 한다"라고 하였다.

의옥疑獄은 사건을 다시 조사하여 죄를 밝히거나 죄를 가벼운 쪽으로 처리하여야 한다

다산은 "의옥은 밝히기 어려우니, 평번에 힘쓰는 것은 천
하에 가장 선한 일이요 덕의 바탕인 것이다" 하였다. 평반平反
이란 사건을 다시 조사하여 죄를 밝히거나 죄를 가벼운 쪽으

로 처리하는 것을 이르는 말이다. 이때 반反은 '번'으로 읽는다. 다산은 송나라의 명재상 범중엄의 행적을 소개하였다.

문정공 범중엄이 광덕군廣德軍의 사리司理가 되었을 때의 일이다. 날마다 옥안을 안고 와서 태수와 시비를 다투었는데, 태수가 크게 노기를 띠고 그를 대하였으나 그는 굽히지 않았고 돌아와서는 반드시 주고받은 변론을 병풍에 기록해 두니 임지를 떠날 무렵에는 글자를 더 쓸 여백이 없었다. 그는 가난하여 가진 것이라고는 말 한 마리뿐이었는데, 그 말을 팔고 도보로 돌아갔다.

각박하게 법조문만 따지는 자는 대부분 뒤끝이 좋지 않았다

다산은 "혹리酷吏로서 참혹하고 각박하게 해서 오로지 법조문만을 따져서 그 위엄과 밝음을 드러내고자 하는 자는 대부분 뒤끝이 좋지 않았다"고 하였다. 다산은 형벌을 각박하고 가혹하게 집행한 관리의 예로 만량萬亮과 이광원李匡遠을 들었다. 『남사南史』에 "만량이 영강령이 되었을 때 엄하고 각박하니 사람들이 그를 미워하여 복숭아나무로 만량의 모양을 깎아 조각하여 땔감으로 태워 물을 끓였다고 한다. 그리고 당나라 이광원은 성질이 포악하여 하루라도 형벌로써 처단하지 않으면 쓸쓸해서 즐겁지 않았다. 일찍이 매질하는 소리를 들으면 "이것은 일종의 육고취肉鼓吹(사람을 때려 그 소리를 음악처럼 듣는 것)로군" 하였다. 그는 임종할 때 "내가 평생 승려와 도사 수십 명을 죽였는데, 이 때문에 82세나 살았다"라고 했다. 그러나 장사를 지내자 도둑이 그의 묘를 도굴하여 사지를 잘랐다. 이것은 이광원이 평소에 잔혹한 형벌을 집행한 것에 대한 보복이었다.

옥사가 일어나면 아전과 군교들의 횡포를 엄금하여야 한다

다산은 "옥사가 일어나면 아전과 군교들이 마음대로 설쳐서 민가를 부수고 세간을 약탈하여 그 마을이 마침내 망하기까지 하니 먼저 마땅히 염려할 것이 이것이다. 부임 초에 마땅히 아전과 군관에게 다짐을 받아야 한다"고 하였다. 그리고 다음과 같이 부연하였다.

내가 민가에 오래 있어서 무릇 살인의 옥사에 고발하는 일은
10 중 2, 3뿐이고 7, 8은 모두 숨기는 것을 알고 있다. 진실로
한번 검험檢驗(살인사건이 나면 법관이 현장에 가서 조사하여 알아
보는 것)을 겪으면 결국 패촌이 되어 한 해도 못 되어 조락하
고 흩어지기 때문에 고주瞽主(타인에게 살해되어 죽은 자의 친속)
는 비록 슬프고 원통함이 가슴에 가득하지만 마을의 부로들
과 호강豪强(세력이 강한 사람)의 저지를 당하게 된다. 이에 범
인들을 마을에서 쫓아내고 고주에게 뇌물을 주어 급하게 시
체를 매장하고 그 입을 봉해 버린다. 혹 세력 있는 아전과 군
교들이 이를 알고서 위협하면, 곧 마을에서 함께 2, 3백 냥을
모아 이들에게 뇌물을 주로 역시 끝내 고발하려 하지 않으니,
그 해독이 크다는 것을 이에 알 수 있다. 수령된 자는 깊이 유
의하여야 할 것이다.

무고誣告하여 옥사를 일으킨 자는 용서해서는 안 된다

다산은 "무고하여 옥사를 일으키려고 하는 것을 도뢰圖賴
라고 하는데 엄히 다스려서 용서해주지 말 것이며 법에 따
라 반좌율反坐律을 적용해야 할 것이다"라고 하였다. 무고는

'없는 사실을 거짓으로 꾸며 고소하거나 고발하는 일'이고, 반좌율은 '무고한 자에게 같은 벌을 받게 하는 것이다.' 만약 남을 살인에 해당하는 죄로 무고했다면, 무고한 사람을 사형에 처하는 것이다. 다산은 다음과 같이 부연하였다.

스스로 익사한 것을 빠뜨려 죽였다고 하고, 스스로 목매 죽은 것을 강제로 목 졸라 죽였다고 하며, 스스로 찌른 것을 남이 찔렀다고 하며, 스스로 독약을 마신 것을 맞아 죽었다고 하며, 스스로 병이 든 것을 구타당하여 속이 상했다고 하는 따위가 많다. 이러한 일들은 법서에 고찰해보면 그 형태와 증상이 각각 다르니 판결하기 어렵지 않으나 다만 이미 판별한 후에 옥사가 일단락되면 수령은 뜻이 해이해져서 악을 징계할 생각은 않고 대강 곤장을 치고는 으레 모두 석방해버리니 백성들이 어지 두려워할 바가 있겠는가. 무릇 무고한 자는 법률상 모두 반좌율에 해당하는 것이니, 죽을죄로서 무고한 자는 그 죄가 응당 사형인데, 비록 그렇게 하지는 못한다고 하더라도 유배조차 면해주니 어찌 소홀하지 않은가. 이것은 악을 미워하는 마음이 절실하지 못하기 때문이다. 마땅히 상사에 보고하여 반드시 죄를 주고 용서하지 말아야 한다.

3. 신형愼刑: 형벌집행을 신중히 하라

형벌을 지나치게 집행해서는 안 된다

신형은 형벌 집행을 신중히 하는 것이다. 다산은 "목민관이 형벌을 시행함에는 마땅히 세 등급으로 나눌 것이니 민사에는 상형을 시행하고 공사에는 중형을 시행하고 관사에는 하형을 시행하며 사사에는 형벌하지 않는 것이 좋다"라고 하였다. 그리고 상형·중형·하형에 대해서 다음과 같이 부연하였다. 상형이란 어떤 것인가? 나의 뜻이 형벌을 너그럽게 하여 법을 따르도록 하는 데 있다면 볼기 30대를 치고 자세히 살펴 피가 보이면 상형이고, 볼기 20대를 힘껏 치도록 신칙하는 것이 중형이고, 볼기 10대에 따사로운 말로 법을 보이는 것이 하형이니, 법을 이같이 시행하면 족한 것이다. 만약 나의 의도가 형벌을 엄하게 하여 위엄을 세우는 데 있다면 볼기 50대에 피를 보거나 군무용의 작은 곤장 7도를 행하는 것이 상형이며, 볼기 30대를 힘껏 치거나 범법용

신장 10도를 시행하는 것이 중형이며, 볼기 20대 혹은 태장 15대가 하형이니, 법을 이같이 시행하면 족한 것이다. 이것보다 더 지나친 것은 남형이라 할 것이니 내가 알지 못하는 것이다.

다산은 수령이 백성들을 다스릴 때 형벌을 지나치게 집행해서는 안 된다는 점을 여러 번 강조하며 다음과 같이 말하였다.

오늘날의 수령은 큰 곤장 사용하기를 즐겨한다. 두 종류의 태와 세 종류의 장으로써는 통쾌한 맛을 느끼기에 부족하기 때문이다. 형벌로써 백성을 바르게 하는 것은 최하의 수단이다. 자신을 단속하고 법을 받들어서 장엄하게 임한다면 백성이 법을 범하지 않을 것이니 형벌은 없애 버려도 좋을 것이다. 옛날의 어진 목민관은 반드시 형벌을 느슨하게 하였다. 그 일이 역사에 실려 꽃다운 자취가 향기롭다. 한때의 분한 마음으로 형장을 남용하는 것은 큰 죄악이다. 열성조의 남긴 훈계가 역사 기록에 빛나고 있다. 악형은 도적을 다스리려는 것이니, 평민에게 경솔하게 시행해서는 안 된다.

부녀자와 늙은이와 어린이를 고문해서는 안 된다

다산은 "부녀자에게 큰 죄가 있지 않으면 마땅히 형벌을 결행하지 않아야 한다. 신장訊杖은 오히려 괜찮으나 볼기를 치는 것은 더욱 욕스러운 일이다"라 하고 또 "늙은이와 어린이를 고문해서는 안 된다고 법조문에 실려 있다"라고 하였다.

4. 휼수恤囚: 죄수를 불쌍히 여겨라

감옥에 갇힌 죄수의 여러 가지 고통을 살펴야 한다

휼수는 죄수를 불쌍히 여겨 그들의 고통을 살펴주는 것이다. 다산은 "감옥이라는 것은 이승의 지옥이다. 감옥에 갇힌 죄수의 고통은 어진 사람들이 마땅히 살펴야 할 일이다"라고 하였다. 그리고 "칼을 목에 씌우는 형벌은 후세에 나온 것이니 선왕의 법이 아니다"라고 하며 금지할 것을 주장하였다. 또 죄수들이 병에 걸릴까 염려하여 "질병의 고통은 비록 자기 집 침실에서 편안하게 살 때에도 오히려 견디기가 어려운 일이거늘 하물며 옥중에서야 어떻겠는가"라고 하였다. 심지어 "오랫동안 집을 떠나 감옥에 갇혀 있어서 살아가는 방도가 끊기게 된 자에게 그 정상과 소원을 받아들여 자비와 은혜를 베풀어야 한다"라고 하였다.

유배된 사람의 측은한 마음을 이해하여 잘 돌보아 주어야 한다

다산은 "유배된 사람은 집을 떠나 멀리 귀양살이를 하는 것이므로 그 정상이 슬프고 측은하니 집과 곡식을 주어 편안히 살게 하는 것도 또한 목민관의 책무이다"라고 하였다. 그러나 "탐관오리로서 귀양 온 자는 거처와 접대가 반드시 후하고 먹을 것을 주는 것도 반드시 넉넉할 것이니, 그다지 돌봐주지 않아도 된다"고 하였다. 다음과 같이 부연하였다.

그래도 번복될 가망이 있는 경우에는 수령이 은밀히 먹을 것을 보내고 아전들이 몰래 충성을 바치겠지만, 본래 외롭고 변변찮아 앞길이 보이지 않는 자는 그가 받는 모욕과 학대를 이루 다 말할 수 없다.

다산은 경상도 장기와 전라도 강진에서 도합 18년 동안이나 귀양살이를 하였기 때문에 유배된 사람의 심정을 누구보다 잘 알았을 것이다. 특히 다산의 경우는 정적政敵인 노론벽파에 의해 축출된 것이었기에 번복될 가망이 없었다. 그러므로 수령이 은밀히 먹을 것을 보내거나 아전들이 몰래 충성을 바치는 일도 거의 없었다. 다행히 외가인 해남윤씨 집안의 도움이 있어 학문을 닦고 후진을 양성하고 저술에 매진할 수 있었다.

5. 금포禁暴: 세력 있는 자의 횡포를 금지시켜라

세력이 있는 자라도 횡포와 난동을 부리면 용서해서는 안 된다

금포는 횡포를 일삼는 자를 엄금하는 것이다. 다산은 "횡포와 난동을 금지하는 것은 백성을 편안하게 하는 것이다. 호강豪強을 쳐서 누르되 임금이나 귀족의 측근으로 세력이 있는 자를 꺼리지 않는 것은 목민관으로서 마땅히 힘써야 할 일이다"라고 하였다. 부연하여 "호강의 무리는 모두 일곱 종류가 있는데, ① 귀척(왕의 근친 또는 외척), ② 권문, ③ 금

군(궁중을 지키고 임금을 경호하는 무관), ④ 내신(환관), ⑤ 토호, ⑥ 간리, ⑦ 유협이다. 무릇 이 일곱 가지 족속에 대해서는 그들을 제재하고 억눌러서 백성을 편안하게 하는 데에 힘써야 한다"고 하였다. 그리고 후한 때의 문신 동선董宣의 행적을 소개하였다.

후한 때 동선이 낙양령이 되었을 때이다. 광무제의 누나 호양공주의 종놈이 사람을 죽이고 공주의 집에 숨어 있었다. 동선은 공주가 외출하기를 기다렸다가 그 종놈을 꾸짖어 수레에서 내리게 한 다음 그 자리에서 때려 죽였다. 임금이 강항령(강직하여 목을 숙이지 않는 수령이라는 뜻)은 나가라고 명하고 상금으로 30만 냥을 하사했다. 이로 말미암아 권세 있고 교활한 자들이 벌벌 떨며 동선을 '누워 있는 호랑이[臥虎]'라고 불렀다.

다산은 "권문세가에서 종을 풀어놓아 방자한 짓을 하여 백성들에게 해를 끼치면 이를 금지시켜야 한다"고 하였다. 이는 임금을 경호하는 군대나 내관의 경우도 마찬가지다.

다산은 "임금을 경호하는 군대가 총애를 믿고 날뛰거나 내관이 방자한 짓을 하는 등 갖가지 권력을 빙자하는 일들은 모두 금해야 한다"고 하였다.

승냥이와 호랑이 같은 토호를 제거하여 양같이 순한 백성을 살려야 한다

다산은 세력이 강한 사람들의 횡포가 약한 백성들에게 독을 끼치고 병들게 하는데 그 방법이 너무도 많아서 일일이 들 수가 없다고 하였다. 그래서 "토호의 무단적인 행동은 약한 백성에게는 승냥이나 호랑이 같은 것이다. 승냥이와 호랑이를 제거하여 양같이 순한 백성을 살려야만 이를 목민관이라고 할 수 있다"고 하였다.

기생을 끼고 노는 아전과 군교는 즉시 법에 따라 엄히 다스리고 영구히 제적시켜야 한다

다산은 "협잡과 음란을 일삼아 기생을 데리고 놀며 창녀와 잠을 자는 것을 금해야 한다"고 하였다. 그리고 다음과 같이 부연하였다. "관리가 창녀를 끼고 노는 데 대해서는 법률이 지극히 엄하다. 그러나 이미 기강이 해이하고 어지러 워 습속이 굳어진 지 오래되었으므로 이제 갑자기 이를 금하는 것은 소동을 일으키는 것이다. 다만 등산과 물놀이에 기생을 싣고 풍악을 잡히는 것은 아전과 군교들이 감히 할 일이 아니다. 수령이 부임하여 한 달이 지난 후에 엄하게 다음과 같은 약조를 하여 세울 것이다. '아전과 군교로서 감히 기생을 끼고 놀아나는 자는 즉시 법에 따라 엄히 다스리고 영구히 제적시킨다. 또 기생집에서 소란을 피워 싸우는 자는 가중처벌하고 결코 용서하지 않는다.'"

6. 제해除害: 백성들의 피해를 제거하라

세 가지를 없애야만 백성들의 근심이 덜어질 것이다

제해는 백성들에게 피해를 끼치는 것을 제거한다는 뜻이다. 다산이 살았던 조선 후기 당시에 백성들에게 큰 피해를 주는 것은 무엇이었을까? 다산은 "백성을 위하여 해독을 제거하는 일은 목민관으로서 마땅히 힘써야 한다. 그 첫째는 도적이요, 둘째는 귀신이요, 셋째는 호랑이이다. 이 세 가지를 없애야만 백성들의 근심이 덜어질 것이다"라고 하였다. 그리고 부연하기를 "사람들이 평상시에 모여 한담할 때 세상에 무서운 것 세 가지 중에 무엇이 제일 무서우냐고 물어보면, 의견이 각각 달라서 어떤 사람은 도적을 두려워한다 하고, 어떤 사람은 귀신붙이를 두려워한다고 하고, 또 어떤 사람은 호랑이를 두려워한다고 하니, 이 세 가지가 백성들에게 해독이 된다는 것을 알 수 있다"라고 하였다.

도적이 생기는 데는 세 가지 이유가 있다

다산은 "도적이 생기는 데는 세 가지 이유가 있다. 위에서는 행실을 단정하게 하지 않고, 중간에서는 명령을 받들어 행하지 않고, 아래에서는 법을 두려워하지 않으면, 아무리 도적을 없애려 해도 되지 않는다"고 하였다. 그리고 다음과 같이 부연하였다.

위에서 행실을 단정하게 가지지 않는다는 것은 사신과 수령들이 탐욕과 불법을 자행한다는 말이다. 그래서 일산 밑을 가리켜 큰 도둑이라고 한다. 위의가 바르지 못하니 그림자가 어떻게 곧을 수 있겠는가. 도둑들조차도 몰래 수군거리기를 "지위가 저렇게 높고 기대 받는 바가 저렇게 무거우며 나라의 은혜를 저렇게 받으면서도 오히려 도둑질을 하는데, 우리 따위 소인들이야 아침에 저녁일이 어떻게 될지도 모르는 형편에 그 누가 쓸쓸히 메마르게 지낸단 말인가"라고 한다. 도둑들이 모여 항상 하는 말이 이러하니 어떻게 그들을 금할 수 있겠는가. 공자가 계강자에게 "진실로 그대가 하고 싶어 하지 않는다면, 비록 상을 준다고 해도 백성들이 도둑질을 하지 않을 것이다"라고 하였으니 바로 이를 두고 한 말이다.

이치를 살피고 물정을 분별하여 실상을 밝혀내야 한다

다산은 "지혜를 짜내고 꾀를 써서 깊은 것을 캐내고 숨은 것을 들추는 것은 오직 능한 자만이 할 수 있다"라 하였다. 또 "이치를 살피고 물정을 분별하면 사물이 그 실상을 숨기지 못하나니 오직 밝은 자만이 할 수 있다"고 하였다. 그리고 우홍규禹弘圭의 행적을 예로 들었다.

우홍규가 경기도 죽산부사로 있을 때이다. 용인현에 갔더니 그 고을 어떤 사람이 소를 장에서 팔아 돈 10냥을 받아 곁에 놓아두었다가 도둑을 맞았다. 소를 판 사람이 도둑을 쫓아가니 그 사람 또한 자기 돈이라고 하여 마침내 현의 관아에 와서 송사를 하게 되었다. 현령이 "돈 꿰미의 끈은 무엇으로 하였느냐?"고 힐문하니, 훔쳐간 자는 잘 대답을 해도 소를 판 자는 알지 못하였다. 그래서 훔쳐간 자에게 그 돈을 주었다. 우홍규가 의심하여 다시 두 사람의 거주지를 물은 뒤에 두 사람을 모두 가둬놓고 몰래 사람을 시켜서 각각 그 아내를 체포하여 문초하니, 소를 판 자의 아내는 그 남편이 소를 팔러 시장에 갔다 하고, 훔친 자의 아내는 그 남편이 빈손으로 시장에 갔다고 하였다. 드디어 훔쳐간 자를 심문하여 실정을 알아내니 온 고을이 탄복하였다.

평민을 잡아다가 억지로 도둑을 만들면 그 원통함을 살펴 누명을 벗겨주어야 한다

다산은 "잘못하여 평민을 잡아다가 억지로 도둑을 만드는 수가 있는데 능히 그 원통함을 살펴서 누명을 벗기고 양민으로 만들어 준다면 이를 어진 목민관이라고 할 수 있다"고 하였다. 그리고 자신이 곡산부사로 있을 때 경험한 일을 예로 들었다.

예전에 내가 곡산부사로 있을 때에 감사가 급히 공문을 보내어 말하기를, "금천군 깊은 산속에 군도 40, 50명이 모여 있는데, 백마를 탄 장수가 있어 토산현의 군교를 결박하여 의청 앞에 데리고 가서 설득하여 보내고는 그다음 날에 40, 50명이 토산현 관아를 치러 온 것을 아전과 관노들이 격퇴시켰으니, 빨리 군교와 병졸 및 조포군 수백 명을 출동시켜 때를 놓치지 말고 소탕하라"고 하였다. 공문이 이르자 온 고을이 공포에 떨었다. 내가 "가만히 있어라" 하고는 말단 군교 중에서 몸이 섬약한 한 사람을 불러서 가서 전해 주고 두목급 세 명을 데리고 오라고 하였더니, 그 군교가 눈물만 흘리고 있었다. 내가 "네가 금천 땅에 가서 길거리에서 하는 말을 들어보면 반드시 마음을 놓게 될 것이다. 도적의 소굴에 들어가는 것이 과연 두렵다고 생각되거든 너는 그냥 돌아오너라" 하였다. 그 군교는 인사를 하고 떠났다. 그 이튿날 도적의 두목급 3인을 데리고 왔는데, 살펴보니 모두 양민이었다. 토산의 군교가 무고했던 것이다(당시 금천군수 홍병덕이 나에게 "금천의 백성들이 이에 힘입어 살아났다"고 하였다).

부처나 귀신에 가탁하여 요사스런 말로 민중을 현혹시키는 자는 제거하여야 한다

다산은 "귀신붙이가 변괴를 일으키는 것은 무당이 유도하기 때문이다. 무당을 베고 그 사당을 헐어 버려야만 요사한 것이 의지할 곳이 없어지게 될 것이다"라 하고 또 "부처나 귀신에 가탁하여 요사스런 말로 민중을 현혹시키는 자는 제거하여야 한다"라고 하였다. 그리고 송나라의 명현 정호의 행적을 예로 들었다.

송나라 정호가 호현주부鄠縣主簿가 되었을 때의 일이다. 남산의 절간에 돌부처가 있었는데, 해마다 전하기를 그 부처 머리에서 광채가 난다고 하여 원근의 남녀들이 모여 구경하며 밤낮으로 뒤섞여 지냈다. 그곳 현령이 된 자는 그 신령함을 두려워하여 감히 금하지 못하였다. 선생이 처음 부임하여 그 절의 중에게 힐문하기를 "내가 들으니 돌부처가 해마다 광채를 뿜어낸다 하니 그런 사실이 있는가?"하니 그렇다고 대답하였다. 선생이 경계하기를 "다시 광채를 낼 때는 반드시 나에게 먼저 알려라. 내가 공무로 바빠서 구경 갈 수는 없지만 마땅히 그 광채 나는 머리를 가져다 구경하리라"라고 하였다. 이로부터 다시는 돌부처 머리에서 광채가 난다는 소문이 없었다.

제10편
공전 6조 工典六條

1. 산림山林 : 산림행정을 잘 살펴라

송정松政의 폐단을 세밀히 살펴야 한다

산림은 곧 산림행정이다. 조선 시대의 산림행정 중에 가장 핵심적인 것은 송정(소나무에 대한 행정)이었다. 그 이유는 우리나라의 목재 가운데 가장 중시되었던 것이 소나무였고, 또 우리나라에는 좋은 목재가 없어 오직 소나무만을 사용하여 가옥과 관곽 등을 만들었기 때문이다. 다산은 "봉산封山에서 기르는 소나무는 엄중한 금령이 있으니 목민관은 마땅히 조심하여 지켜야 하며, 농간하는 폐단이 있으면 세밀히 살펴야 한다”고 하였다. 봉산은 나라의 수용에 충당하기 위해 수목의 벌채를 금한 산이다.

당시 송정의 폐단은 백성들에게 큰 고통을 주었다. 다산은 “봉산의 소나무는 차라리 썩어서 버릴지언정 사용하기를 청해서는 안 된다”라고 하고 자신이 지은 시 「승발송행僧拔松行」을 인용하여 백성들의 괴로움을 읊었다. 이 시는 1807년에 백련사 서쪽 석름봉에서 소나무를 뽑는 중에게 들은 이야기를 듣고 지은 시이다. 이 시에서 다산은 지난해에 바람에 꺾인 소나무를 가지고 절에 와서 중들을 때리며 책임을 물어 일만 냥을 얻어간 아전의 행위와 왜적을 방비하기 위한 큰 배를 만들기 위해 소나무를 베어간 뒤 배를 만들지 않고 방치한 지방관의 나태한 행위를 비판하였다. 시의 후반부는 다음과 같다.

중을 불러 앞에 세우고 그 뜻을 물었더니, 목이 메어 말을 못하고 눈물만 맺네. 옛날에는 이 산에 애를 써서 솔을 길러, 승려 비구 할 것 없이 약속을 잘 지키며, 땔나무 아끼느라 때로는 냉반 먹고, 새벽종이 울 때까지 산을 돌며 살폈기에, 읍내

의 나무꾼들 얼씬을 못 했는데, 하물며 마을사람 도끼날이 범
했으리. 수영의 졸개가 장군 명령 듣고서는, 땅벌 같은 기세
로 말에서 내려 들어오더니, 작년에 바람에 꺾인 나무를 잡고
서는, 중이 법을 범했다고 가슴을 쥐어박아, 하늘 불러 호소
했지만 그의 성냄 풀리지 않아, 돈 일만 냥 집어주고 겨우 때
워 넘겼는데, 금년에는 솔을 베어 항구로 내가면서, 왜놈 막
을 큰 배를 만든다고 하더니만, 조각배 한 척도 만들지 않고
서는, 옛 모습 볼 수 없게 우리 산간 망쳤다네. 이 소나무 어
리지만 그냥 두면 커지리니, 화근을 뽑는 일을 게을리하면 안
되리라. 그전에 솔 심듯이 지금은 다 뽑아버리고, 잡목이나
남겨두어 겨울을 나렸더니, 아침에 관첩 내려 비자를 찾는다
니, 그 나무마저 뽑아버리고 산문을 봉하리라.

보물이 나는 곳에는 모두 그 지방 백성들의 뼈를 깎는 병폐가 있다

다산은 "지방에서 나는 보물을 번거롭게 채굴해서 백성
들에게 병폐가 되는 일이 없게 하라"고 하였다. 보물이 나는
곳에는 모두 그 지방 백성들의 뼈를 깎는 병폐가 있기 때문

이다. 그리고 다음과 같이 부연하였다.

『경국대전』에 규정하였다. "각 고을의 보물이 산출되는 곳은 대장을 만들어서 공조와 본도, 본읍에 비치해 두고 간수케 한다." 이른바 보물이란 경주에서 나는 수정水晶, 성천에서 나는 황옥黃玉, 면천에서 나는 오옥烏玉, 장기에서 나는 뇌록磊綠, 남포에서 나는 벼룻돌, 해남에서 나는 양지석羊脂石, 흑산도 바다에서 나는 석웅황石雄黃 등이다. 무릇 보물이 나는 곳에는 모두 그 지방 백성들의 뼈를 깎는 폐단이 되고 있으니, 수령은 이것을 알아서 보물을 요구하는 자가 있더라도 채굴하지 말 것이며, 돌아가는 날에 한 조각 보물도 짐 속에 넣어가지 말아야 이에 청렴한 관리라고 할 것이다.

2. 천택川澤: 수리사업에 정성을 쏟아라

냇물과 연못은 농사 이익의 근본이니 소중하게 여겨야 한다

천택은 시내와 못이다. 시내와 못은 백성들의 생업인 농사에 큰 도움을 주는 것이므로 목민관은 힘을 다해 조성하

고 관리해야 한다. 다산은 "냇물이 고을을 지나 흘러가면 도
랑을 파고 물을 끌어들여 관개를 하며, 더불어 공전소田을 일
구어 백성의 요역을 보충해 주는 것이 행정을 잘 하는 것이
다"라고 하였다. 그리고 성호星湖 이익李瀷, 1681~1763의 말을 인
용하며 다음과 같이 부연하였다.

성호 이익 선생은 "천하에 가장 아까운 것은 유용한 것을 무
용한 것으로 돌려버리는 것이다"라고 하였다. 대저 사방의 들
은 마르고 시드는데, 냇물은 공연히 바다로 흘러보내니 어찌
안타깝지 않은가? 오늘날 물을 막아 농지에 물을 대는 사람
들은 항상 물은 낮고 들은 높다거나 물살이 세어 제방이 쉽게
무너진다고 걱정을 하는데, 이는 모두 힘을 쓰지 않고 걱정만
하는 것이다. 물은 산에서 내려오는 것이며 그 기원은 반드시
높은 것인데, 오래되니 파이고 뚫려서 수세水勢가 낮게 된 것
이다. 만약 오랜 세월을 두고 돌을 쌓아 구덩이를 메워 점차
물 흐름을 막으면 모래와 흙이 침전되어 물길도 역시 그에 따
라 점차 높아질 것이고, 높아지는 데 따라 제방을 더 높이 쌓
으면 어찌 물을 댈 수 없을 리가 있겠는가?

황폐해진 저수지들을 재건하여 가뭄에 대비하고, 강과 바닷가에 제방을 쌓아 민생을 안정시켜야 한다

다산은 "우리나라에는 호수라고 이름 하는 것이 겨우 7, 8개 있고 나머지는 모두 폭이 좁고 작다. 그러나 그나마 잡초가 우거지고 수축되지 않았다"고 하였다. 그리고 다음과 같이 부연하였다.

반계 유형원이 말하였다. "김제의 벽골제碧骨堤, 고부의 눌제訥堤, 익산과 전주 사이의 황등제黃登堤는 못으로는 큰 것이어서 한 지방에 큰 이득이 되었다. 옛날에 온 나라의 힘을 다하여 축조한 것인데 지금은 모두 황폐하고 무너져 있다. 무너진 곳은 불과 몇 장에 불과하여 그것을 수축할 일을 계산해보면 1천 명의 사람에 열흘간의 노동이 소요될 뿐이니 이는 처음 축조할 때와 비교하면 단지 1만분의 1에 지나지 않는데, 이를 건의하는 사람이 아무도 없으니 매우 애타고 애석한 일이다. 만약 이 세 못이 1천 경을 댈 수 있는 저수지로 된다면 노령 이상은 영원히 흉년이 없을 것이다."

다산은 "우리나라 큰 못으로는 또 함창의 공골제空骨隄, 제천의 의림지義林池, 덕산의 합덕지슘德池, 광주의 경양지景陽池, 연안의 남대지南大池가 있는데, 오늘날 모두가 앙금이 앉아 막혀버렸으니 이것은 수령의 책임이다"라고 하였다.

연못이나 늪에서 생산되는 물고기 등을 수령이 마음대로 취해서는 안 된다

다산은 "연못이나 늪에서 생산되는 물고기와 자라와 연蓮과 마름과 부들 등은 엄중하게 지켜서 백성들의 요역에 보충할 것이며, 수령이 차지하여 자신을 살찌게 해서는 안 된다"고 하였다. 그리고 조선의 명신 기건奇虔의 행적을 소개하였다.

조선의 기건이 연안부사가 되었을 때이다. 그곳에 붕어를 키우는 큰 못이 있어서 공적으로 사적으로 잡아오게 해 그 피해가 백성들에게까지 미치어, 사람들이 붕어의 무덤이라고 조롱하였다. 기건이 부사가 되어서 "어찌 입과 배 때문에 염치를 손상케 하겠는가"라고 말한 후 드디어 끊어버리고 먹지 않

았다. 손님을 위한 잔치가 아니면 금지하여 그물질을 못하게
하니 고을 사람들이 크게 기뻐하였다.

3. 선해繕廨: 관아 수리를 방치하지 마라

관아가 무너졌는데 방치해 두는 것은 수령의 잘못이다
선해는 관아의 건물을 신축하고 수리하는 것이다. 다산은
"관아의 건물이 기울어지고 위로 비가 새고 옆으로 바람이
들어오는데, 수리하지 않고 그대로 방치해 둔다면 이 또한
수령의 큰 허물이다"라고 하였다. 그리고 다음과 같이 부연
하였다.

수령으로 어질지 못한 자는 뜻이 돈을 버는 데 있고 계획은
벼슬자리를 유지하는 데 있으니, 위로 임금을 사랑하지 아니
하고 아래로 백성을 사랑하지 않음이 이와 같다. 그러므로 백
가지가 무너지고 헐어져도 바로잡을 생각을 하지 않으니, 이
것이 바로 관아의 건물이 항상 무너져 있으나 고쳐지지 않는
까닭이다. 한 수령이 어쩌다가 이를 수리할 경우에는 공무를

빙자하여 사리를 도모한다. 재화와 경비의 항목을 마음대로 설정하고 감영에 구걸하고 창곡을 농간질하며 백성들의 고혈을 빨아들이고 아전들과 공모하여 남는 것을 가로채어 자신의 배를 채운다. 그러나 오래지 않아 드러나서 법망에 걸려든다. 이에 선해라는 이 한 가지 일은 범죄에 빠지는 수령처럼 되어 비록 청렴하고 유능한 선비라도 누구나 조심하고 두려워하여 조용하게 있는 것을 좋게 생각한다. 기둥을 받치고 지붕을 때워 간신히 몇 해를 넘기다가 전임 수령이 이미 떠나면 후임 수령이 또한 그렇게 한다. 이 관아의 건물은 바로 우리 임금이 수령을 거처하게 하며 사신을 접대하게 하는 곳임을 모른다. 서까래 하나라도 부러지는 것은 그 허물이 수령 자신에게 있는 것이니 어찌 그렇게 한단 말인가?

다산은 "『대명률』에는 함부로 기공하는 것에 대한 조항이 있고 우리나라에는 사사로이 건축하는 것을 금지하였는데, 선배들은 여기에 구애되지 않고 스스로 수선을 행했던 것이다"라고 하였다. 그 예로 조선 초기의 관인 김유선이 성주목사가 되어 정당政堂을 중건하자 이를 칭찬한 신숙주의 기문

記文을 소개하였다. 신숙주는 "근년 이래 법은 엄하고 백성은 사나우니 무릇 고을의 수령된 자가 모두 영조營造하는 것을 꺼려하여 공해公廨(관청)가 무너지고 헐어지는 것을 앉아서 보고만 있으면서 돌 하나 기왓장 하나라도 다시 수리하여 바로잡지 않고 그저 팔짱만 끼고 체임遞任되기만을 기다릴 뿐이다. 김군은 부임하여 탄식하며 말하기를 '법이 엄하더라도 법을 범하지 않는다면 어찌 법을 두려워할 것이며, 백성이 사납더라도 백성을 괴롭히지 않는다면 어찌 백성을 꺼릴 것인가'라고 하고, 이에 재목을 모으고 장인에게 명하여 몇 개월이 안 되어 공사를 마쳤다"라고 하였다.

폐단이 생길 소지를 미리 막아야 하며 노력과 비용을 절약해야 한다

다산은 "재목을 모으고 공장工匠을 모집하는 일은 전체적으로 헤아림이 있어야 하니, 폐단이 생길 소지를 미리 막고 노력과 비용은 절약할 것을 생각하지 않을 수 없다"고 하였다. 그리고 다음과 같이 부연하였다.

정당을 건축하는 데 있어서 중요한 일은 첫째 마땅한 사람을 얻어 일을 주관하게 하는 것이요, 둘째 마땅한 사람을 얻어 소임을 분담시키는 것이요, 셋째 장인을 뽑는 것이요, 넷째 비용을 염출하는 것이요, 다섯째 재목을 모으는 것이요, 여섯째 흙을 마련하는 것이요, 일곱째 용수를 확보하는 것이요, 여덟째 석재를 채취하는 것이요, 아홉째 기와를 굽는 것이요, 열째 철물을 사들이는 것이요, 열한 번째 장정을 골라 뽑는 것이요, 열두 번째 장부를 기록하는 것인데, 일이 각각 올바르게 처리되어야 이에 칭찬이 있을 것이다.

청사의 관리가 이미 잘되어 있거든 꽃을 가꾸고 나무를 심어도 좋다

다산은 "청사의 관리가 이미 잘되어 있거든 꽃을 가꾸고 나무를 심는 것도 또한 맑은 선비의 자취이다"라고 하였다. 그 예로 반악의 행적을 소개하였다. 진나라의 반악潘岳이 하양령이 되었을 때 그 고을 백성들에게 명하여 복숭아와 자두를 많이 재배하게 하니, 백성들이 노래하기를, "반사또의 정사는 자랑할 만하네. 하양은 고을이 꽃으로 가득 찼네"라고 하였다.

4. 수성修城: 성곽수리에 신중하라

급할 때에 성을 쌓을 때는 그 지세를 살피고 민정에 순응해야 한다

수성은 성곽城郭을 수리하는 것이다. 성은 두 겹으로 되어 있는데, 내성內城을 성城이라고 하고, 성을 둘러싼 외성外城을 곽郭이라고 한다. 다산은 "전쟁이 일어나고 적이 몰려오는 급한 때를 당하여 성을 쌓게 된다면 마땅히 그 지세를 살피고 민정에 순응하여야 할 것이다"라고 하였다. 그리고 조선 중기의 문신 졸당拙堂 민성휘閔聖徽, 1582~1647의 행적을 예로 들었다.

민성휘가 평안도 감사로 나갔을 때의 일이다. 새로 큰 전란(정묘호란을 가리킴)을 겪고 청천강 이북을 버리고 물러나서 지키자는 계획이 있었고 조정의 의론도 이를 허락하려 하였다. 그런데 그가 상소하여 불가함을 극언하고 의주의 성지

에 수축하여 관방關防을 튼튼히 할 것을 청하니 이에 물러나
서 지키자는 의론은 마침내 실행되지 않았다. 그는 또 조정
에 청해서 백마白馬·검산劍山·자모慈母의 세 산성을 쌓은 후
에 가옥을 짓고 농기구를 갖추어 도망간 백성들을 데려다 살
게 하였다.

성을 쌓되 때가 아닐 때 쌓으면 성을 쌓지 않는 것만 못하다

다산은 "성을 쌓되 때가 아닐 때 쌓으면 성을 쌓지 않는 것
만 못하다. 반드시 농한기 때에 쌓는 것이 옛날의 방법이다"
라고 하였다. 그리고 명나라의 문신 방극근方克勤의 행적을
예로 들었다.

명나라 방극근이 제령부濟寧府를 다스릴 때이다. 한여름에 수
장守將이 백성들을 독촉하여 성을 쌓고 있었다. 방극근이 말
하기를 "백성들이 바야흐로 농사에 여념이 없는데 어찌하여
역사까지 겹쳐 고단하게 하는가" 하고 중서성에 청하여 역사
를 중단시켰다. 이에 앞서 오래 가물다가 큰 비가 왔다. 제령

사람들이 노래하기를 "누가 우리 부역을 중단시켰는가. 사또의 힘일세. 누가 우리 곡식을 살려 놓았는가. 사또의 비일세. 사또여 가지 마시라. 우리 백성들의 부모일세" 하였다.

5. 도로道路: 도로관리에 노력하라

도로와 교량을 잘 만들어 다니는 사람들을 편안하게 해야 한다

도로는 도로와 도로에서 일어나는 일을 모두 포괄하는 말이다. 즉 도로를 잘 관리하여 백성들에게 불편을 주지 않아야 한다는 것과 도로에서 일어나는 일들에 대해 잘 점검해야 한다는 것이다. 다산은 "도로를 잘 닦아서 여행자들이 그 도로로 다니고 싶어 하게 하는 것도 훌륭한 수령의 정사이다"라고 하고, 또 "교량은 사람을 건네주는 시설이다. 날씨가 추워지면 즉시 가설해야 할 것이다"라고 하였다. 그리고 다음과 같이 부연하였다. 자산子産이 정나라를 다스릴 때 자기의 탈 것으로 사람들을 진수溱水와 유수洧水를 건너게 하였는데, 맹자가 말하기를 "은혜로우나 정치를 알지 못한다. 11

월에 걸어다니는 다리가 이루어지고 12월에 수레가 다닐 수 있는 다리가 이루어지면 백성들이 건너기를 걱정하지 않을 것이다"라고 하였다.

정치를 하는 사람은 백성 한 사람 한 사람에게 사사로운 은혜를 베푸는 것보다 정책을 세워 일을 추진하여 수많은 백성들이 편안할 수 있도록 하는 것이 중요하다. 도로를 건설하고 다리를 놓는 것이 대표적인 예이다.

객점에서 간악한 자를 숨기지 못하게 해야 한다

수령이 도로에서 신경을 써야 하는 것이 도로의 정비와 교량의 신설에만 그쳐서는 안 된다. 도로가 통하는 곳에 위치한 객점에서 일어나는 일에도 관심을 가져야 한다. 다산은 "여관에서 물건을 져 나르지 아니하고 고개에서 가마를 메지 않는다면 백성들이 어깨를 쉴 수 있을 것이다. 객점에서 간악한 자를 숨기지 아니하고 원院에서 음탕한 짓이 자행되지 않으면 백성은 마음을 맑게 할 수 있을 것이다"라고 하였다. 그리고 다음과 같이 부연하였다.

『다산필담茶山筆談』에 말하기를 "나는 오랫동안 민간에 살아서 백성들의 실정과 거짓을 조금은 알고 있다. 무릇 도둑이 숨는 곳은 모두 여점旅店(여관)이다. 진실로 정결한 촌락에는 발을 붙이기 어렵다. 낯선 얼굴이 한번 나타나면 서로 말하며 손가락질하기 때문에 아침에 숨어도 저녁이면 드러나 발붙이지 못한다. 오직 여점만은 사방의 사람들이 아무도 오래 머물지 않기 때문에 몸을 숨기기에 편리하다. 도당盜黨의 관행은 여점마다 간사한 자를 숨겨 두어 천리를 고리로 잇는다. 한 군에서 도둑이 잡히면 도둑과 소졸들이 밤중에 나는 듯이 달려가서 도피하게 한다. 하물며 점주와 목로집 주모는 도둑들의 소굴이 아닌 자가 없고, 고을과 감영의 군교도 모두 연결되어 있어 핏줄이 통하듯 막힘이 없으니 어떻게 탐문, 체포하리오. 수령은 마땅히 이를 알아서 각 여점에 방문榜文으로 타일러 감히 간사한 자를 숨기지 못하게 해야 한다. 후일에는 혹 어느 점에서 도둑을 잡게 되면 점주는 도당인 것이 명백하니 엄중하게 캐물어야 한다. 근원이 분명하지 못하고 행동거지가 바르지 못한 모든 자는 머물러 살지 못하게 하면 도둑의 우환이 조금은 줄어들 것이다"라고 하였다.

6. 장작匠作: 자신을 위한 물품 제작은 하지 마라

청렴한 수령은 물품을 제조하지 않는다

장작은 장인에게 시켜 물품을 제작하는 것이다. 다산은 "물품을 제작하기를 자주 하고 뛰어난 기술자를 다 모으는 것은 탐욕을 드러내는 것이다. 비록 온갖 기술자가 모두 갖추어졌어도 결코 물건을 제조하지 않는 것이 청렴한 선비의 관부官府이다"라고 하였다. 그리고 최윤덕과 이순신의 일화를 소개하였다. 최윤덕은 태안군수로 있을 때에, 차고 있던 화살통의 장식 쇠붙이가 떨어져나가 공장이 관철官鐵로 보수하였는데, 그는 즉시 보수한 쇠를 도로 뜯으라고 명령하였다고 한다. 그의 청렴함을 알 수 있는 대목이다. 그리고 충무공 이순신은 통제사가 되어 날마다 공장에게 인두와 가위와 장도 등을 만들게 하여 권귀들에게 선물하였다고 한다. 다산은 이순신의 행위는 자신의 직위를 보존함으로써 왜적을 평정하는 공로를 이루려는 것이었지, 그 뜻이 아첨하여 섬기는 데 있지 않았다고 하였다. 그런데 후세의 통제사들은 그것을 관례로 삼아 권귀들에게 아첨하고 있다고 하며 비판하였다.

설령 제조하더라도 탐욕스러워서는 안 된다

다산은 "설령 제조하는 일이 있더라도 탐욕스럽고 비루한 마음이 그릇에까지는 미치게 해서는 안 된다"고 하였다. 그리고 다음과 같이 부연하였다.

『다산필담』에 다음과 같이 말하였다. "내가 옛 그릇을 보니 그 구리가 심히 얇았고, 내가 옛날 책을 보니 그 종이가 심히 얇았다. 근세에는 탐욕의 풍조가 날로 치열해져서 구리 그릇의 무게가 옛날보다 세 배나 되고(구리 수저의 두께가 어른 머리만 하여 입이 작은 자는 입에 넣을 수도 없다) 서지의 두께는 옛날보다 한 배가 되었다. 그 까닭을 물어보았더니, '후일 곤궁하게 되면 이를 내다 팔면 바탕과 질이 무겁고 두껍기 때문에 그 값이 반드시 많이 나갈 것이다'라고 대답하였다. 아아! 마음을 먹음이 이와 같으니 생각건대 어찌 길이 복을 누릴 수 있으리오. 이 두 가지 일을 심히 부끄럽게 생각하였다."

백성들의 생활에 도움이 되는 물품을 만들어야 한다

다산은 "농기구를 만들어서 백성들에게 경작을 권장하며 베 짜는 기계를 만들어서 부녀들의 길쌈을 권장하는 일은 목민관의 직무이다"라고 하였다. 그리고 조선 후기의 문신 복암茯菴 이기양李基讓, 1744~1802의 행적을 예로 들었다. 이기양이 봉명사신으로 청나라에 들어갔다가 면화씨를 발라내는 교거攪車 1량을 구입하여 조정에 바치니, 정조가 오영문五營門에 명령하여 각기 본떠 제조하여 8도에 반포하도록 하였다. 제조는 마쳤으나 아직 반포는 하지 않았는데 임금이 승하하여 그 일이 중지되고 말았다. 다산은 "교거 1대를 사용하면 한 사람의 힘으로 대략 하루에 2백 근의 명화를 씨아질하니 힘을 절약함이 크다"고 하며 탄식하였다.

다산은 "전차를 만들어서 농사를 권장하고 병선을 만들어서 전쟁에 대비하는 일은 목민관의 직무이다"라고 하고 충무공 이순신의 손자 이민수李民秀의 행적을 예로 들었다. 이민수가 해남수군사(전라우도 수군절도사)로 있을 때, 거륜선車輪船을 만들어 비변사에 보내어 그 제조 방식을 각도에 반포할 것을 청하였는데 아무 반응이 없었다고 한다. 다산은 이민

수가 할아버지인 충무공 이순신은 거북선을 창조하여 왜적
을 방어하였으니 조상의 뒤를 잘 이은 손자라고 할 만하다
고 칭송하였다. 그러나 끝내 반포되지 않았으니 매우 유감
스러운 일이다.

제11편

진황 6조 賑荒六條

1. 비자備資: 구호물자를 비축하라

흉년으로 기근이 들면 목민관의 재능을 알 수 있다

비자는 자본이나 물자를 미리 마련해 둔다는 뜻이다. 다산은 "흉년에 기근을 구제하는 정사는 선왕의 마음을 다했던 바이니 목민관의 재능은 이것에서 볼 수 있다. 흉년에 기근을 구제하는 행정을 잘해야 목민관이 해야 할 가장 중요한 일이 끝나는 것이다'라고 하였다.

흉년에 백성을 구제하는 행정은 미리 예비하는 일만 한 것이 없다

다산은 "흉년에 백성을 구제하는 행정은 미리 예비하는 일만 한 것이 없으니, 예비하지 않는다면 모두 구차한 것일 따름이다"라고 하였다. 그리고 홍처량洪處亮의 행적을 예로 들었다. 홍처량이 청풍부사淸風府使가 되었는데, 고을이 궁벽한 골짜기에 있어서 세입이 본래 박했다. 그래서 그는 절용하고 저축해서 3년이 되자 곡식 수천 곡을 얻어 별도의 창고에 저장해서 봉해두고 흉년에 대비하였다. 홍처량이 청풍을 떠난 후 경신년에 큰 기근을 당하자 온 고을이 그것에 의지하였다고 한다.

이미 흉년이라 판정되면 급히 백성을 구제하는 행정을 해야 한다

다산은 "한 해 농사가 이미 흉작으로 판정되거든 급히 감영으로 달려가서 곡식을 이송해올 일을 의논하며 조세를 감면해 줄 것을 의논하여야 한다"고 하였다. 또 "임금의 명령을 기다리지 않고 형편에 따라 창고를 열어 곡식을 방출하는 것이 옛날의 법이요 사신使臣이 할 일이다. 지금의 수령으로서야 어찌 감히 할 수 있겠는가'라고 하였다. 그리고 이동직의 행적을 예로 들었다.

이동직李東稷, 1611~1675이 광주부윤이 되었을 때이다. 당시 큰 기근을 만나 전국의 사람들이 굶어 죽었다. 광주부에는 찧은 곡식 10여만 곡이 있었는데 이것은 군향미軍餉米였으므로 조정에서 진대를 허락하지 않았다. 공이 "만약 하루를 늦추면 틀림없이 1천 명을 죽일 것입니다"라고 하였다. 경부를 올리기도 전에 이민移民이 모두 창고 곁에 모여들었는데, 그는 곧 달려가서 자물쇠를 부수고 곡식을 풀어서 살린 사람이 1만이나 되었다. 비변사에서 공문을 보내 막자 백성은 더욱 죽을 지경이었는데, 공이 더욱 강력히 주장하여 마침내 백성들이 죽거나 상하는 일이 없게 되었다. 가을에 이르러 곡식을 회수하게 되자 백성들이 "봄과 여름에 진휼의 혜택이 없었다면 우리 부모와 처자는 모두 이미 굶어 죽었을 것이다"라고 말하며 갚지 않은 자가 없었다.

2. 권분勸分: 재해 구제를 권장하라

지금의 권분은 옛날의 권분이 아니다. 지금의 권분은 비례非禮의 극치이다

권분이란 나누어주기를 권한다는 뜻으로, 고을 수령이 관내의 부자들에게 권하여 굶주리는 사람을 구제하게 하는 일이다. 본래는 좋은 뜻으로 시행된 것인데, 조선 시대의 권분은 이미 본래의 좋은 취지를 잃어버리고 말았다.

다산은 "권분의 법은 멀리 주나라 때부터 시작된 것인데, 시대가 내려옴에 따라 정치가 쇠락하여 이름과 실제가 같지 않게 되었으니 지금의 권분은 옛날의 권분이 아니다"라고 하였다. 또 "중국의 권분하는 법은 모두 곡식을 팔도록 권하는 것이지 거저 먹이도록 권하는 것이 아니었고, 모두 베풀도록 권하는 것이었지 바치는 것을 권한 것이 아니었으며, 모두 몸소 솔선하는 것이었지 입으로만 말한 것이 아니었고, 모두 상을 주어 권했던 것이지 위협하는 것이 아니었다. 지금의 권분이란 것은 비례의 극치이다"라고 하며 조선시대에 시행되었던 권분의 행태를 비판하였다.

권분은 천하를 놀라게 하는 것이다

조선 시대의 권분은 어떤 형태로 이루어졌는가? 다산은 "권분하는 명령이 내리면 부유한 백성은 크게 놀라고 가난한 사람들은 탐욕스러워진다. 큰 정사에 신중하지 않으면 엉뚱한 공로를 자기 것으로 삼는 자가 있을 것이다"라고 하였다. 그리고 다음과 같이 부연하였다.

권분은 천하 사람들이 놀라는 일이다. 한 부자가 있어 그의 재산 중에서 권분으로 200석을 낼 만하다고 하면, 이에 바람 잡고 구름 잡는 무리들이 어지럽게 몰려든다. 좌수가 말하기를 "수령이 나에게 물을 것이니 내가 마땅히 억울하다고 말해 줄 것이다. 그대는 얼마를 주겠는가?" 향교의 유생은 은밀히 말하기를 "수령이 나에게 물을 것이니 내가 틀림없이 비호해서 덮어 줄 것이다. 그대는 얼마를 주겠는가?"라고 한다. 수리도 얼마를 주겠는가 하고 수교도 얼마를 주겠는가 하니 부자는 현혹되어 어찌 할 바를 모른다.

권분이란 스스로 나누어 주도록 권하는 것이다

다산은 "권분이란 스스로 나누어 주도록 권하는 것이다. 스스로 나누어 주도록 권하면 관의 힘이 크게 덜어질 것이다"라고 하였다. 권분은 여유가 있는 사람들이 자발적으로 자신의 재물을 내어 가난한 사람을 돕도록 권유하는 것이다. 만약 수령이 신중하게 시행하고 관리하지 못하면 부자의 재물을 강제로 빼앗는 것이 되고 만다. 다산은 다음과 같이 부연하였다. "부유한 집에는 저마다 형제가 있고 저마다 인척이 있으며 저마다 이웃이 있고 저마다 묘지기가 있다. 마침 그 본성이 인색하여 구휼하려고 하지 않기 때문에 수령이 그들로 하여금 의연義捐하도록 권면하는 것이니 이것을 권분이라고 한다. 그 재물을 늑탈해서 아무 상관도 없는 사람에게 준다면 그것이 어찌 사람들이 좋아하는 바이겠는가. 옛날의 권분은 반드시 이렇지 않았으니 그 이름과 뜻을 생각해 본다면 반드시 옛날 것에 합치되는 바가 있을 것이다."

3. 규모規模: 진휼 대비를 계획하라

진휼은 반드시 시기를 맞추어야 하고 규모를 갖추어야 한다

규모는 규모를 정한다는 뜻으로, 재난을 당한 백성들을 구제하고 지원할 규모(지원범위와 정도)를 결정하는 것이다. 다산은 "진휼에는 두 가지 관점이 있으니, 첫째는 시기에 맞추는 것이요, 둘째는 규모가 있어야 하는 것이다. 불 속에서 구하고 물에 빠진 사람을 건지는 것과 같은 경우인데 어찌 시기를 늦출 수 있겠으며, 많은 사람을 다루고 물자를 고루 나누어 줌에 있어 어찌 규모가 없을 수 있겠는가"라고 하였다. 그리고 다음과 같이 부연하였다.

수재는 비록 혹심해도 그 화는 물에 잠긴 지역에 그치고, 바람과 서리와 병충과 우박 등 또한 반드시 온 천하의 재앙이 되는 것은 아니다. 오직 큰 가뭄이 들어 천리에 온통 산이 탈 지경이면 온 나라 백성들이 모두 굶주려서 어떤 조치도 취할 수가 없게 된다. 마땅히 입추로부터 재빨리 대책을 세워 시각을 다투어 기회를 포착하여 유익한 방향으로 나가기를 마치 날쌘 새와 사나운 짐승이 출발하듯 하여야 한다. 이런 연후에야 실시하고 조치한 것이 바야흐로 두서가 있을 것이니 이를 소홀히 해서는 안 된다.

풍년이 들었을 때 흉년을 대비해야 한다

다산은 다음과 같이 말하였다. "우리나라 창고 제도에 대해서 내가 일찍이 조사해 보았는데, 무릇 환곡은 창성할 때에는 흉년을 만난 백성들을 구제한다는 것을 명분으로 하지 않은 것이 없다. 그런데 이것을 늘 방치해두니 모두 이포吏逋(아전이 공금을 집어 쓴 빚)로 돌아가고 말았다. 갑자기 흉년을 만나면 창고가 텅 비어 있다. 포흠한 아전을 죽이자니 다 죽일 수도 없고 수백 포나 되는 흙 섞인 곡식을 수령에게 주어 굶주림에 신음하는 수만 명의 백성을 구원한다고 하니 수령이 어떻게 구제하겠는가? 만약 평상시에 사사로이 사들인 곡식이 없다면 다만 속수무책으로 보고만 있을 뿐일 것이니, 어찌 한심한 일이 아니겠는가? 그러므로 풍년이 들었을 때 사사로이 곡식을 사두는 일을 그만둘 수 없다."

진휼할 때는 오직 백성을 불쌍히 여기는 마음으로 해야 한다

다산은 "어진 사람이 진휼하는 것은 백성을 불쌍히 여길 따름이다. 다른 고을에서 떠돌아 들어오는 자도 받아들이고 내 고장에서 떠나가는 자도 머물러 있게 하여 내 고장 네 고장의 구별이 없어야 한다"고 하였다. 그리고 토정土亭 이지함 李之函, 1517-1578의 행적을 소개하였다.

토정 이지함이 충청도 아산현령이 되었을 때이다. 유랑민들이 누더기를 입고 걸식하는 것을 불쌍히 여기고 큰 집을 지어 수용하고 수공업을 가르쳐 주되 일일이 타이르고 친절히 깨우쳐 주어서 각자 의식을 해결하게 하였다. 그중 무능한 자에게는 볏짚을 주어 짚신을 삼게 하여 그 일을 독려하였더니 하루에 열 컬레를 삼았다. 이를 판매하니 하루 작업으로 누구나 한 말 정도의 쌀을 마련할 수 있었고, 그 나머지로 옷까지 마련할 수 있었다. 몇 달이 지나지 않아서 무능한 자들도 의식이 충분하게 되었다.

4. 설시設施: 구호시설을 확충하라

백성을 구제할 때는 반드시 근실하고 유능한 적임자를 뽑아야 한다

설시는 구호에 필요한 일체의 시설施設을 설치한다는 뜻이다. 다산은 "구제하는 관청을 설치하고 감리를 두며 가마솥을 갖추고 이에 소금과 간장과 미역과 마른 새우 등을 갖추어 놓아야 한다"고 하였다. 그리고 부연하여 "천하의 만사는 모두 사람을 얻는 데 있으니, 적임자를 얻지 못하면 그 일을 능히 잘 해나갈 수가 없다. 도감都監 1인, 감관監官 2인, 색리色吏 2인은 반드시 신중하고 일을 잘 아는 이를 골라서 그 자리에 두어야 한다"고 하였다. 그리고 삼산三山 유정원柳正源, 1703-1761의 행적을 예를 들었다.

유정원이 통천군수가 되었을 때이다. 시절이 마침 큰 흉년이 들었는데 관동지방이 더욱 심하였다. 그는 계획을 세워 1800곡의 곡식을 마련하여 군민 중에 근실하고 유능한 자를 택하여 그 일을 관장케 하였다. 매번 10일마다 친히 진미 나누어 주는 것을 감독하되 면마다 깃발을 만들고 면임으로 하여금 기를 들고 그 소속 기민을 이끌고 들어가 진미를 받게 하고는 깃발을 세우고 쭉 늘어앉게 하여 9개의 가마솥을 뜰에 설치하고 죽을 끓여 나누어 주었다. 다 먹인 뒤에는 깃발을 들고 나가게 하는데 종일토록 떠들썩했으나 대오를 잃는 자가 없었다. 암행어사가 미복으로 와서 엿보고는 사람들에게 말하기를 "이 한 가지 일을 보면 족히 그 사람을 알겠다" 하였다. 하루는 큰 눈이 내려 길이 불통되자 배를 동원하여 곡식을 싣고 바다를 돌면서 진미를 나누어 주었다. 왕왕 쓰러져 누워 일어나지 못하는 자가 있으면 문득 문을 두드려 불러서 쌀을 주기도 하니 감동하고 기뻐하지 않는 자가 없었으며 눈물을 흘리는 자까지 있었다.

유리걸식하는 자에게는 마음을 다해야 한다

목민관은 유리걸식하는 자에 대해 어떻게 해야 하는가? 다산은 "유리걸식하는 자는 천하의 궁한 백성으로서 호소할 데가 없는 자이다. 어진 목민관이라면 마음을 다해야 하며 소홀히 해서는 안 된다"고 하였다. 다산은 우리나라와 중국의 진휼에 관한 행정이 달라 유민이 살아남지 못한다고 하였다. 즉 중국의 진휼 행정은 유민을 위주로 하지만 우리나라는 거민을 위주로 하기 때문에 유민이 진휼을 입기는 하지만 필경에는 모두 죽게 된다고 하였다. 다산은 조선 후기 유민들의 비참한 삶을 다음과 같이 묘사하였다.

객관 앞 한 곳에 땅을 파서 그 깊이를 1척 남짓하게 하고 그 둘레는 몇 장 정도 되게 하여 새끼로 몇 개의 서까래를 얽어 묶은 뒤 풀로 한 겹을 덮으니, 위에서는 눈이 내리고 옆으로는 바람이 불어 살을 에는 듯한 모진 추위를 유민들이 견디지 못한다. 물같이 묽은 죽은 겨와 흙이 반이나 섞였고, 삽살개 꼬리같이 해진 옷은 그 음부조차 가리지 못하고, 몽당머리에 얼어 터진 피부는 그 꼴이 마치 까마귀 귀신과 같다. 나팔 소리 한 번 나면 돼지처럼 모여들어 먹고, 흩어져 구걸하면 밥 한 술 얻지 못한다. 저녁이 되면 한 구덩이에 모여 자는데 몸을 꾸부리고 꿈틀거리는 것이 마치 똥 구더기 같다. 서로 짓밟아 약한 자는 깔려 죽고 병이 전염되며 역질이 성행한다. 감독자는 염증내고 미워하여 죽는 것을 다행으로 여겨 하루

에 수십 명씩을 구렁에 갖다 버리며, 까마귀와 솔개는 창자를
쪼아 먹고 여우와 이리는 피를 빨아 먹으니, 천하에 원통하고
비참함이 이보다 심한 것은 없다.

다산의 기록에 의하면 당시 우리나라 사람들은 유리걸식
하는 사람의 죽음을 예사로 보았고 수령마저도 등한시하였
다. 대체로 유리걸식하는 자를 모두 무용지물로 보았고 하
늘이 버린 바이고 나라에는 쓸데없는 존재로 여기는 추세였
다. 그러나 다산은 다음과 같이 말하였다.

이들도 본래는 양민이었고 버려진 자가 아님을 알 수 있다.
다만 그 육친이 흩어져 없어지고 사방의 이웃들도 거절하여
홀아비·과부·고아·불구자로 의탁할 곳이 없어 부평초처럼
떠다니고 쑥대처럼 굴러다니다가 이 지경에 이르렀다. 굶주
림이 쌓이고 오랫동안 추위에 얼어서 그 어진 본성을 잃고 염
치가 모두 없어지고 총명과 식견도 드디어 어두워져서 귀신
과 짐승처럼 되어 사람들이 싫어하게 된 것이지 이 어찌 본질
이 다름이 있겠는가? 하늘이 그들의 게으름을 싫어하여 고통

을 받게 하였다고 한다면, 탐관오리들은 하늘이 어찌 싫어하
지 않고 저러한 즐거움을 누리게 하는 것인가. 이는 모두 어
질지 못한 말들이요 이치에 맞은 말이 아니니 족히 논할 것이
못 된다.

다산의 이 말은 목민관이 될 사람들이 반드시 가슴에 새
겨야 하는 말이다.

5. 보력補力: 민생 안정을 강구하라

백성의 살림에 보탬이 되는 방안을 찾아야 한다

보력은 '힘을 보태다'라는 뜻으로, 목민관이 흉년에 대비
한 민생안정정책을 잘 세워 백성들의 살림에 힘을 보태야
한다는 뜻이다. 다산은 "농사가 흉작으로 판명되거든 마땅
히 논을 대신 밭으로 삼아 다른 곡식을 심도록 하고 가을이
되면 보리 파종을 권장한다"라 하였다. 그리고 "구황할 수
있는 풀로서 백성들의 식용에 보탬이 될 만한 것은 마땅히
좋은 품종을 골라 향교의 유생들을 시켜 몇 가지 종류를 채

취해서 각기 널리 전파시키도록 할 것이다”라고 하였다.

또 “봄날이 길어지면 공역을 일으킬 만하니, 관아의 청사가 퇴락해서 수선할 일이 있거든 마땅히 이때에 보수해야 한다”고 하였다. 그리고 조선 중기의 문신 설파雪坡 이후산李後山, 1597~1675의 행적을 예로 들었다. 이후산이 강원도 관찰사로 있을 때 큰 기근이 들었는데, 감영이 임진왜란에 불탄 후 오래도록 복구되지 않고 있었다. 이후산은 “옛사람들은 흉년을 당해 토목공사를 일으켰으니 그 또한 한 가지 방도이다” 하고 드디어 감영의 쌀과 포목을 내어 굶주리는 백성들을 모집하니 참여하려는 자가 운집하였고, 몇 달이 지나지 않아 공사가 끝났다.

흉년에 도둑을 없애는 정책에 힘을 다해야 한다

다산은 “흉년에 도둑을 없애는 정책에 힘을 다해야 하며 소홀히 해서는 안 된다. 실정을 알고 보면 불쌍해서 죽일 수 없을 것이다”라고 하였다. 그리고 다음과 같이 부연하였다.

기사·갑술년의 기근 때에 양민이 강도로 변하여 도처에 수십 명씩 모여서 모두 종이로 만든 가리(물고기를 잡는 도구)를 뒤집어쓰고 밤을 타서 남의 집을 털었다. 병영·진영과 각 고을 수령들이 무릇 이들 강도를 잡으면 문득 사형에 처하였고, 혹은 옥에 가두어 굶어 죽게 하니 백성들이 이를 편하게 여겼다. 살피건대 『대명률』에는 "무릇 강도로서 재물을 훔친 자는 그 우두머리와 따르는 자를 구분하지 않고 모두 참한다"라고 하였으니, 그 형률이 절도의 경우보다 무겁게 되어 있다. 그러므로 율관이 당해 형률을 논정하면 강도는 죽음이 있을 뿐 살아남지 못한다. 내가 일찍이 생각해보니, 이 일은 경직되게 고정되어 있어서는 안 되는 것이다. 무릇 흉년에 이 짓을 하는 자는 절도가 별 소득이 없다고 생각하여 그 짓을 안 하고 이 같은 큰 강도짓을 하는 것이 아니다. 절도의 경우는 별 다른 타고난 재주가 있어야 하는 것이다. 벽에 구멍을 뚫거나 담장을 넘고 빗장을 부수거나 자물쇠를 열며 삽살개를 짖지 못하게 하거나 사람을 도깨비에 홀리듯 하는 데에는 모두 다 방법이 있는 것이요, 일반 양민들이 할 수 있는 일이 아니다. 그러므로 양민들이 서로 모여 꾀하여 이 소박하고 우직한 짓을 하는 것이다. 절도는 비록 풍년을 만나더라도 양민이 되지 않으며 감화를 주어 변하게 하려 해도 어쩔 수가 없다. 그런데 흉년에 강도짓을 한 자는 그다음 해에는 양민이 된다. 이로 보건대 그들을 죽이기는 애석한 일이다. 이른바 실정을 안다면 슬퍼해야 할 자들이다. 맹자가 말하기를 "흉년에는 젊은이들이 많이 사나와지고 풍년에는 젊은이들이 많이 순해지는 것은 그 마음이 빠져들어가는 데에서 말미암는 것이다"라고 하였으니, 어찌 황소나 송강의 무리들과 견주어 같다고 할 것인가. 그런즉 어찌 할 것인가? 그들을 절도로 흩어 유배시켰다가 풍년을 기다려 풀어줌이 좋을 것이다.

세금을 적게 하고 공채를 탕감해 주어야 한다

다산은 "세금을 적게 하고 공채를 탕감해 주는 것은 선왕의 법이다. 겨울에 환자 곡식을 거두어들이고 봄에 세금을 거두는 일과 민고의 잡요와 저리의 사채는 모두 너그러이 늦추어 주어서 심하게 독촉하지 말아야 한다"고 하였다. 그리고 다음과 같이 부연하였다.

기사년1809의 기근에 나산촌(전남 함평군 나산면)의 한 사인이 세미 바칠 것이 2섬이 있었는데 내지 못한 채 죽었다. 검독이 그것을 받아내어 가지고는 관에다 바치지 않고 도망을 가버렸다. 그 마을에서 다시 징수하게 되었는데, 전토를 모두 팔아서야 겨우 그 상처를 메울 수가 있었으니, 고아나 과부들은 유리걸식하다 결국 길에서 굶어죽었다. 그 전토의 값을 헤아려 보니 그 본돈이 12만 푼(1,200냥)이었다. 슬프다! 대신이 공무로 나갈 때 자기 교자 앞에 세우는 1쌍의 횃불 값이 쌀 2섬이다. 지금의 대신이 자기 교자 앞에 세우는 1쌍의 횃불 값이 12만 푼이나 되는 줄을 알고 있을까? 백성들의 고통이 이와 같으니 바라건대 적이 보살핌이 있어야 할 것이다. 민고에서 징수하는 것은 모두가 불법에 속하며, 본래 이미 불법인데다가 아전들이 또한 농간질까지 한다. 흉년에는 마땅히 수령이 친히 그 장부를 가지고서 먼저 수령에게 소용하는 것부터 모두 감액할 것이다. 그 밖의 조례들로서 무릇 폐지할 수 있는 것은 모두 폐지하고 상사에게 따져서 보고하고 그 징수를 없애도록 한다. 노자가 말하기를 "소민 다스리기를 마치 작은 생선 삶듯 해야 한다"고 하였으니 조금만 움직여도 그것이 물크러지기 때문이다. 흉년을 만난 백성들을 더구나 동요시켜서야 될 것인가.

6. 준사竣事: 진황 정책을 총 점검하라

진휼을 마무리할 때 모든 사항을 점검하여 상과 벌을 주어야 한다

준사는 '진휼하는 일을 마치는 것'이다. 다산은 "진휼하는 일을 마칠 때에는 처음부터 끝까지 점검하여 범한 죄과를 하나하나 살펴야 한다"고 하였다. 진휼을 시작할 때부터 마칠 때까지의 모든 사항을 하나하나 점검하여 잘한 사람은 상을 주고 잘못한 사람은 벌을 주어야 한다. 다산은 다음과 같이 말하였다.

목민관이 두려워해야 할 것은 세 가지이니, 백성과 하늘과 자기 마음이다. 뜻은 성실하지 못함이 있으며 마음은 바르지 못함이 있다. 상사를 속이고 국가를 속이며 구차하게 형벌을 피하며 사리와 작록을 지키려고 도도하여 스스로 천하에 제일가는 기교와 가식으로 생각하고 있다. 그러나 털끝만 한 사기와 거짓도 백성들이 모르는 것이 없으니, 자기의 죄를 알려고 하면 반드시 백성들의 말을 들어야 할 것이다. 상사를 속일 수 있고 군부를 속일 수는 있어도 백성은 속일 수 없다. 천지 귀신이 벌려 서서 밝게 비치고 있으니 하늘을 속일 수 없다. 시치미를 뚝 떼고 풀이 죽어 있어도 우러러보나 굽어보나 부끄러워서 마음은 속일 수 없다. 이 세 가지에 속임이 없으면 나의 진휼하는 일이 거의 허물이 적을 것이다.

수령은 아전에게 시키지 말고 자신이 직접 조사하여 보고해야 한다. 다산은 "스스로 준비한 곡식을 상사에 보고할 때에는 직접 실정을 조사하여 감히 허위나 과장이 없도록 해야 한다"라고 하였다. 그리고 "이날에 논공행상을 하고, 그이튿날에는 장부를 정리하여 상사에 보고한다"고 하였다. 다산은 다음과 같이 지적하였다.

요즘 수령이 권분하는 것을 보면 처음에는 감언이설로 장차 크게 상을 줄 것같이 하다가 진휼하는 일이 끝남에 이르러서는 술 한 잔 권하지 않고 부채 한 자루 주지 않아 마치 똥친 막대기 보듯 하며, 버리기를 마치 고기 잡은 뒤 통발처럼 하여 막연히 서로 잊어버릴 지경에 이르렀으니 그 경박함이 심하다. 『시경』에 '덕 있는 말씀 크고 밝아 백성들에게 두터운 정 보이네'라고 하였는데, 백성들에게 경박하게 보이면 그 누가 믿겠는가. 이는 크게 옳지 못한 것이다.

파진연罷賑宴을 베풀 때 기악妓樂을 써서는 안 되며, 기진맥진한 백성들을 도와 안정시켜 주어야 한다

다산은 "망종芒種날에 이미 진장賑場을 마치고 곧이어 파진연을 베풀되 기악은 쓰지 않는다"라고 하였다. 다산은 다음과 같이 부연하였다. "파진연이란 큰일을 끝내고 나서 수고한 사람들을 위로하는 것이고, 경사와 기쁜 일이 있어서가 아니니, 한잔 술과 한 접시 고기로 수고한 여러 사람을 대접할 뿐이다. 죽은 자가 만으로 헤아리고 유해도 아직 매장하지 못하였고, 산 자도 병에 걸려 신음소리가 끊이지 않으며, 주린 창자에 보리밥으로 과식하여 새로 죽는 자가 또 많으니, 이때가 어느 때이기에 모여서 서로 즐긴단 말인가. 내가 보건대 큰 흉년 끝에 수령이 이런 잔치를 베풀면 백성들이 모두 장구소리와 노랫소리를 듣고 탄식하며 눈물을 흘리고 성낸 눈으로 질시하지 않는 자가 없을 것이다. 춤과 노래와 악기는 절대로 써서는 안 된다. 수령이 조금이라도 반성하고 깨달은 바가 있다면 어찌 이런 짓을 하겠는가?"

그리고 자신의 시 「조승문弔蠅文」(파리를 조문하는 글)을 인용하고, 파진연에 기악을 쓰지 말아야 하는 것을 밝혔다. 다산은 「조승문」을 지은 이유에 대해 "굶주려 죽은 시체를 묻지 않으면 구더기가 파리가 되는데, 금년에는 파리가 많으니 파리를 조문하는 것은 파리를 빌려 굶주려 죽은 사람을 조문하는 것이다"라고 하였다. 「조승문」의 일부를 소개하겠다.

파리야, 날아서 관館으로 들어가지 마라. 깃대와 창대가 삼엄하게 나열하여 꽂혀 있다. 돼지고기, 쇠고기국이 푹 물러 소담하고 메추리구이와 붕어 지짐에 오리국, 그리고 꽃무늬 아름다운 중배끼 약과를 실컷 먹고 즐기며 어루만지고 구경하지만, 큰 부채를 흔들어 날리므로 그대는 엿볼 수도 없단다. 장리長吏가 주방에 들어가 음식을 살피는데. 쟁개비에 고기

를 지지며 입으로 불을 분다. 계피물 설탕물에 칭찬도 자자
하나, 호랑이 같은 문지기가 철통같이 막아서서 애처로운 호
소를 물리치면서 소란을 피우지 말라고 한다. 안에선 조용히
앉아 음식 먹으며 즐기고 있고 아전놈은 주막에 앉아 제멋대
로 판결하여, 역마를 달려 여리閭里가 안일하다고 치보馳報하
면서, 길에는 굶주린 사람 없고 터평하여 걱정이 없다고 한
다. 파리야, 날아와 환혼還魂하지 말라. 지각없이 영원토록 흔
흔한 그대를 축하한다. 죽어도 앙화는 남아 형제에게 미치
게 되니, 6월에 벌써 조세를 독촉하는 아전이 문을 두드리는
데, 그 호령은 사자의 울음 같아 산악山岳을 뒤흔든다. 가마와
솥도 빼앗아가고 송아지와 돼지도 끌어간다. 그러고도 부족
하여 관가로 끌어다가 볼기를 치는데 그 매를 맞고 돌아오면
기진하여 염병에 걸려서 풀 쓰러지듯 고기 물크러지듯 죽어
가지만 만민의 원망, 천지 사방 어느 곳에도 호소할 데가 없
고, 백성이 모두 사지에 놓여도 슬퍼할 수가 없다. 어진이는
위축되어 있고 뭇 소인배가 날뛰니 봉황은 입을 다물고 까마
귀가 짖어대는 격이다.

다산은 "큰 흉년 뒤 끝에 백성들이 기진함은 큰 병을 치른 뒤에 원기를 회복하지 못한 것과 같으니, 어루만져 안정시키는 일을 소홀히 해서는 안 된다"고 하였다. 그리고 어루만져 안정시키는 방법에 대해 다음과 같이 말하였다.

어루만져 안정시키는 안집安集의 방법은 첫째 양식을 돕는 것이며, 둘째 소를 돕는 것이며, 셋째 조세를 가볍게 하는 것이며, 넷째 빚을 탕감해 주는 것이다. 수령이 때때로 마을과 들을 순행하면서 그 질병과 고통을 묻고 그 하고자 하는 것을 물어서 간곡히 그 뜻을 이루게 해주고 그 근본을 북돋아 주고 흔들지 않고 침범하지 않기를 혹 다칠까 걱정하여 주듯이 하면 이것이 큰 병을 고치는 방법인 것이다.

제12편
해관 6조 解官六條

1. 체대遞代: 관직이 교체되어도 놀라지 마라

관직을 잃어도 놀라지 말고 의연해야 한다

체대는 수령의 관직이 교체되어 임지를 떠나는 것이다. 임기를 다 마치고 물러나는 경우도 있고, 도중에 다른 곳으로 발령이 나는 경우도 있고, 예상치 못하게 파직당하는 경우도 있고, 스스로 퇴임하는 경우도 있다. 이때에 목민관은 어떻게 처신하는 것이 좋을까?

다산은 "관직은 반드시 교체됨이 있는 것이니, 교체되어도 놀라지 않고 관직을 잃어도 연연하지 않으면 백성이 그를 존경할 것이다"라고 하였다. 조선 시대에 수령의 임기는 5년이지만 임기를 다 채우고 교체되는 경우는 드물었다. 다산은 벼슬이 교체되는 명목은 모두 20가지나 되고, 그 외에 예상치 못한 일이 발생하여 파면되는 경우도 많으므로, 관직은 믿을 수 없는 것이라고 하였다. 그리고 다음과 같이 말하였다.

속담에 "벼슬살이 머슴살이"라 했으니, 아침에 벼슬에 올랐다가 저녁에 파직당하기 때문에 의존할 수 없음을 말한 것이다. 그런데 수령으로서 천박한 자는 관아를 자기 집으로 여기고 오랫동안 누리려고 생각하다가 하루아침에 상사가 공문서를 보내오고 저가邸家(경저리京邸吏의 집)에서 통보가 있으면 경황이 없어 어찌할 줄을 몰라 마치 큰 보물을 잃어버린 것같이 한다. 처자는 서로 돌아보며 눈물을 흘리는데 아전과 종들은 몰래 훔쳐보며 기롱하고 비웃는다. 관직을 잃은 것 외에도 그 잃는 것이 더욱 많으니, 어찌 안타깝지 않겠는가. 그러므로 옛날의 현명한 목민관은 관청을 여관처럼 생각하여, 마치 이른 아침에 떠나갈 듯이 문서와 장부를 깨끗이 정리해두고 그 행장을 꾸려두어, 항상 가을 매가 횃대에 앉아 있다가 훌쩍 떠나갈 듯이 하고, 한 점의 세속의 일도 일찍이 마음에 두지 않았다. 교체한다는 공문이 이르면 즉시 떠나 광활한 마음으로 미련을 남기지 않았으니 이것이 맑은 선비의 행실이다. 참으로 이와 같다면 비록 어사가 도끼를 가지고 일을 파헤치고, 차관이 일산을 날리며 와서 창고를 봉하여 잠그더라도, 어찌 족히 나의 털 하나라도 움직일 수 있겠는가. 목민관이 정사를 행하는 여가에 일념으로 일깨움이 오직 여기에 있다면 파직이나 체직을 당하더라도 거의 당황하지 않게 될 것이다.

이처럼 다산은 목민관이 벼슬에 연연해서는 안 되며 항상 훌쩍 떠날 준비를 해야 한다고 하였다. 그래서 "관직을 버리기를 떨어진 짚신 버리는 것처럼 하는 것이 옛날 훌륭한 분들의 뜻이었다. 벼슬이 이미 교체되고 나서 슬퍼한다면 부끄럽지 아니한가"라고 하였다.

문서와 장부를 마감하기를 청렴하고 명백하게 하여 후환이 없도록 해야 한다

다산은 "평소에 문서와 장부를 잘 정리해 두어서 내일이라도 곧 떠날 수 있도록 하는 것은 맑은 선비의 풍모요, 문서와 장부를 마감하기를 청렴하고 명백하게 하여 후환이 없도록 하는 것은 지혜 있는 선비의 행실이다"라고 하였다. 그리고 채제공蔡濟恭, 1720-1799이 부친 정재원을 위해 지은 묘갈명의 내용을 예로 들었다.

다산의 부친인 정재원이 진주에서 병이 들었는데 좌우에 의지할 만한 자가 없었다. 세 아들이 중도에서 분곡하여 여러 아전들의 장부와 문서를 보니 어지러이 두서가 없어서 어찌할지를 몰랐다. 마침 베갯머리에 있는 작은 상자에서 손수 기록한 종이 한 장을 찾아내니 6방 아전들의 포흠과 잉여가 하나하나 조목별로 쭉 적혀 있었다. 저것과 이것을 대조하여 각기 보완하게 하여 이에 따라 시행하니 하나 남는 것도 모자라는 것도 없었다고 한다. 채제공은 정재원의 벼슬살이하는 규모가 신중하여 빈틈이 없음이 이와 같았다고 하며 칭송하였다.

수령을 전송하는 백성들이 마치 어린아이가 어머니를 잃은 듯 슬퍼하면, 이는 인간 세상의 지극한 영광이다

다산은 "고을의 어른들이 서로 수령을 전송하며 교외에서 전별연을 베푸는데, 마치 어린아이가 어머니를 잃은 듯이 하여 심정이 말에 드러나면, 인간 세상의 지극한 영광이 아니겠는가"라고 하고, 그러한 인물로 청백리로 명성이 높았던 백졸百拙 한익상韓益相, 1767~1846을 꼽았다.

나의 친구 한익상은 가난한 선비이다. 객지에서 벼슬살이하기를 수십 년 동안 온갖 고생을 다 하였다. 만년에 함경도 경성판관鏡城判官이 되자 친구들이 모두 그의 살림살이가 윤택해질 것이라고 기뻐하였다. 그러나 경성에 부임해서도 한결같이 청렴결백하였고, 월급 5, 6만 전을 희사하여 굶주리는 백성들을 구제하고 부역을 감해 주었다. 하찮은 일에 연좌되어 파면되어 돌아올 때에, 관내 백성 5천 호의 부로들이 교외에 나와 전별하며 가구마다 베 한 필씩을 거두어 그에게 노자로 주었으나, 모두 물리치고 받지 않았다. 집에 돌아와 보니 식량이 떨어져 아궁이에 불을 때지 않은 지가 사흘이 되었으나 끝내 후회하는 빛이 없었다.

목민관으로서 정사를 잘 돌보지 못한 경우는 어떠한가? 다산은 "돌아가는 길에 완악한 백성을 만나 질책과 매도를 당하여 나쁜 소리가 멀리 퍼지는 것은 또한 인간 세상의 지극한 치욕이다"라고 하였다. 그 예로 해남에 있는 '질치암'을 예로 들었다. '질치암'은 '말을 빨리 달리는 바위'라는 뜻으로 해남현 북쪽 30리 지점 길가에 있는 석벽인데, 매양 탐관이 돌아갈 때에는 아전이나 백성이 그 석벽 위에 몸을 숨기고 굽어보며 그 죄상을 낱낱이 꼽았으므로, 행차를 호위하는 자들은 그 소리가 들려 사단이 생길까 두려워하여 이곳에 도착하면 마구 내달려 지나갔다고 한다. 그래서 그 바위를 '질치암疾馳巖'이라 불렀다고 한다.

2. 귀장歸裝: 돌아가는 행장엔 아무것도 없어야 한다

돌아가는 행장에 아무 물건도 없다면 청렴한 선비라 할 수 있다

귀장은 목민관이 임기를 마치거나 임무가 교체되어 돌아갈 때 가지고 가는 행장을 일컫는 말이다. 다산은 "청렴한 선비의 돌아가는 행장은, 모든 것을 벗어 던진 듯 깨끗하여 낡은 수레와 여윈 말인데도 그 맑은 바람이 사람에게 스며든다"고 하였다. 그리고 "상자와 농 안에 새로 만든 기물이 없고 구슬과 비단 등 토산물이 없다면 맑은 선비의 행장이라 할 수 있다"고 하였다.

그러나 지나치게 청렴한 것은 좋지 않다고 하였다. 다산은 "물건을 연못에 던지고 불에 집어넣어서 하늘이 준 물건을 업신여기고 없애버림으로써 자신의 청렴과 결백을 드러내는 것은 또한 천리에 부합하지 않는 것이다"라고 하였다.

집에 돌아온 후에 떳떳하지 못한 물건이 하나도 없어야 한다

다산은 "집에 돌아온 후에 가지고 온 물건 하나 없고, 깨끗하고 소박한 것이 옛날과 같으면 으뜸이요, 방편을 마련하여 종족들을 넉넉하게 하는 것은 다음이다"라고 하였다. 그리고 남송의 시인이자 학자인 양만리楊萬里, 1124-1206의 행적을 예로 들었다. 양만리는 강동지방의 조운을 맡고 봉급으로 받은 돈이 1만 민緡이나 되었는데, 관고官庫 속에 그대로 두고 떠났고, 그의 아들 동산東山도 봉급으로 받은 돈 7천 민을 반납했다. 양만리의 집은 짧은 서까래에 흙으로 섬을 만들어 농부의 집과 같은 모양으로 3대에 걸쳐 증축하거나 장식하는 일이 없었다고 한다.

3. 원류願留: 더 머물기를 원하도록 하라

수령이 떠날 때 백성들이 길을 막고 유임을 원하도록 해야 한다

원류는 수령이 더 머물러주기를 백성들이 원하는 것이다.

다산은 "수령이 떠나가는 것이 못내 아쉬워서 백성들이 길을 막고 유임을 원하는 일은 역사책에 그 광휘가 전해져 후세에 빛나는 것이니, 이는 겉시늉만으로 되는 일이 아니다"라고 하였다. 그리고 유정원의 일화를 예로 들었다.

유정원이 자인현감으로 있을 때, 휴가를 받아 돌아갈 채비를 하면서 벼슬을 버릴 뜻이 있었다. 이에 고을 사람들이 아문을 지키며 사흘 밤낮을 돌아가지 않았다. 유정원은 식구들을 머물게 하여 다시 올 뜻을 보이고 돌아가 3번이나 사표를 올렸다. 감사가 허락하지 않고 "백성들의 마음이 갈피를 못 잡아 자애로운 어머니를 잃은 것 같은데 사私를 따르고 공公을 버림은 옳지 않다"고 하였다. 유정원은 할 수 없이 돌아오니 고을 사람들이 모두 교외에까지 나와 환영하였다.

수령의 임기는 6년이 만기이지만 백성들이 원하면 마땅히 유임시켜야 한다

다산은 "혹 수령이 오래 재임해도 서로 편안하고, 혹 늙었어도 유임시키기를 힘써서 오직 백성의 뜻에 따르고 법에 구애되지 않는 것이 잘 다스리는 일이다"라고 하였다. 그리고 다음과 같이 부연하였다.

살피건대 당唐·우虞(요순시대)의 제도에는 관리를 9년에 3번 고과考課하여 비로소 내치고 올리고 하였는데 한나라 이래로는 6년을 기한으로 삼아 역대 왕조가 이를 따랐다. 우리나라 군현의 수령 역시 6년을 만기로 삼았는데, 품계가 높은 수령은 3년으로 만기를 삼고 관찰사는 2년으로 만기를 삼았다. 명나라의 제도는 주와 현의 관장이 대부분 9년이 만기인데 이것은 진실로 관직에 따라 사람을 뽑고 제도적으로 백성을 편안케 하는 훌륭한 법이다. 하물며 유강劉綱과 사성조史誠祖 등은 백성들의 호소로 오랫동안 재임하여 30년 가까이 이르렀으니 이는 진실로 고금에 탁월하고 상하를 미덥게 하는 원대한 계획이다. 근세의 전관들은 생색내는 데 급급하여 대신臺臣(사헌부 관원의 통칭)으로 수령을 나가는 자는 겨우 1년이 지나면 곧 내직으로 옮겨 앉힌다. 이 때문에 관리 된 자는 장구한 계획이 없이 오직 백성의 껍질을 벗겨 재물을 긁어내는 것으로써 제 집안을 위한 계책을 삼으니 명나라 법에 비하면 거리가 먼 것이다.

그러나 수령이 부정한 방법으로 유임하려고 획책해서는
안 된다. 다산은 "몰래 아전과 모의하고 간사한 백성을 유혹
하여 대궐에 나아가서 유임을 빌게 하는 자는 임금을 속이
는 것이니 그 죄가 매우 크다"고 하였다.

4. 걸유乞宥: 죄가 있으면 용서를 빌어라

**백성들이 수령의 죄를 불쌍히 여기면, 그 죄는 용서해
주는 것이 좋다**

걸유는 백성들이 수령의 죄를 용서해주기를 비는 것이다.
다산은 "수령이 형식적인 법규에 걸린 것을 백성들이 슬프
게 여겨 서로 이끌고 임금께 호소하여 그 죄를 용서해 주기
를 바라는 것은 오랜 옛날의 아름다운 풍속이다"라고 하였
다. 그리고 다음과 같이 부연하였다.

천하에 공功이니 능能이니 하는 것은 백성을 다스려 편안하게
하는 것보다 나은 것이 없다. 진정 백성이 수령을 사랑하고
받드는 정이 진실하고 거짓이 없어 호소하는 소리가 몹시 슬

퍼 감동할 만하면 비록 수령이 지은 죄가 무겁더라도 그 죄를
용서해 줌으로써 백성의 뜻을 따르는 것이 또한 좋지 않겠는
가? 근세에는 붕당이 만들어져 기울어뜨리고 모함하여 한 번
만 배척당하면 그 죄를 용서해 달라고 비는 백성도 역시 법망
에 걸려들어 그 죄가 예측할 수 없게 된다. 때문에 비록 수령
의 죄를 불쌍히 여기고 탄식하여 여러 목숨을 바쳐서까지 그
죄를 대신해 주고 싶은 생각이 있더라도 끝내 감히 말 한마디
도 자기 뜻을 나타내지 못하니, 세태가 날로 더러워지고 날로
저하됨이 이와 같다. 고을 백성으로 아마 그의 다스림을 받은
자는 그래도 수령을 용서해 주기를 빌기가 쉬운 일이다. 혹
유배되어 간 곳에서 백성들이 그 이름을 듣고서 대궐에 나아
가 그곳의 지방관으로 임명해 달라고 비는 경우도 종종 있다.

5. 은졸隱卒: 재직 중 사망했을 때

**재임 중에 죽어 오래되어도 기억되는 것이 어진 목민관
의 최후이다**

은졸은 임금이 죽은 공신功臣에게 애도의 뜻을 표하던 것

을 일컫는 말인데, 여기서는 수령이 재임 중에 사망하는 것을 의미한다. 다산은 "재임 중에 죽어 고결한 인품이 더욱 빛나서 아전과 백성이 슬퍼하고 상여를 붙잡고 울부짖고 세월이 오래되어도 잊지 못하는 것이 어진 목민관의 최후이다"라고 하였다. 그리고 조선 전기의 문신 곽은의 행적을 예로 들었다.

조선 성종 때 곽은이 담양부사가 되어 요역과 부세를 가볍게 하여 정사가 맑고 인자하였다. 재직 중에 갑자기 죽으니 고을 사람들이 모두 슬퍼하여 술과 고기를 끊고 서로 조문하였다. 백성들이 서로 의논하여 해마다 그가 죽은 날이 돌아오면 쌀을 모아 제사를 지내며 명복을 빌었다. 가승家乘에 또 말하기를 "어물 장수가 그 고을에 들어가지 않고 말하기를 '담양 백성들이 절대로 사 먹지 않을 것이다'라고 하였다"(추강 남효온이 기록한 것임).

병들어 누워 위독하게 되면 마땅히 곧 거처를 옮겨야 한다

다산은 "병들어 누워 위독하게 되면 마땅히 곧 거처를 옮겨야 한다. 정당政堂에서 운명하여 다른 사람들이 싫어하게 되어서는 안 될 것이다"라고 하였다. 그리고 다음과 같이 부연하였다.

"정당은 공당이다. 만약에 불행히 정당에서 죽는다면 곧 후임자는 싫어할 것이며 요사스러운 말이 분분하게 일어날 것이다. 수령은 병이 들어 눕게 되거든 스스로 병의 정상을 헤아려 깊이 우려되는 바가 있으면 마땅히 책방으로 옮겨 거처할 것이요, 병을 참고 누워 버티는 것을 미덕으로 삼아서는 안 된다. 옛 어른들같이 확고한 정신 수양이 되어 있는 사람은 꼭 꺼리지는 않겠지만 나의 도리로서는 정당에서 죽는 것을 삼가고 피해야 할 것이다."

그리고 "상사에 소용되는 쌀은 이미 나라에서 주는 것이 있으니 백성들의 부의금을 어찌 받겠는가. 유언으로 못하도록 명령함이 옳은 일이다"라고 하였다.

6. 유애遺愛: 떠난 뒤에도 사모하도록 하라

수령이 죽은 뒤에 백성들이 사모하여 사당을 세우는 것은 영광스러운 일이지만, 살아 있는 사람의 사당을 세우는 것은 예가 아니다

유애는 '수령이 떠난 후에도 백성들이 선정을 베푼 수령을 잊지 못하고 사모하는 것'을 이른 말이다. 이 말은 『시경·소남召南』, 「감당甘棠」편에서 유래된 '감당유애甘棠遺愛(청렴결백 하거나 선정을 베푼 사람을 그리워하는 마음)'에서 나온 것이다. 다산은 "수령이 죽은 뒤에 백성들이 사모하여 사당을 세워 제사를 지낸다면 생시에 남긴 사랑을 알 수 있는 것이다"라고 하고, 또 "살아 있는 사람의 사당을 세우는 것은 예가 아니다. 어리석은 백성들이 이를 행하여 서로 따라하여 풍속이 되었다"라고 하였다. 그리고 다음과 같이 부연하였다.

『설초산담』에서 말하였다. "생사당의 폐단이 해마다 더하고 달마다 늘어나서 그 영당(초상화를 모신 사당)들이 향불을 줄줄이 잇달아 있는데, 죽고 난 뒤에 사당을 세웠다는 소문은

오히려 들리지 않으니, 대개 아첨 때문에 이러한 습속이 이루
어졌다. 무릇 귀신貴臣으로 촉망되어 전도가 창창한 자에게는
반드시 생전에 아첨하여 그 덕을 보려고 하기 때문에 교활한
아전과 간사한 백성들이 서로 결탁하여 수령이 돌아가서 수
레에서 내리기도 전에 이미 사당이 세워진다. 이를 금하지 않
으면 음사淫祠를 불살라 버릴 수 없을 것이다. 수령은 살아 있
으니 들어서 알지 못하지는 않을 것인데, 말없이 속으로 기뻐
만 하고 헐어버릴 생각을 하지 않으니 옳은 것인가?"

다산은 "이미 떠난 뒤에도 사모하여 심은 수목조차 오히
려 사람들의 사랑과 아낌을 받거나, 백성들이 수령의 성을
따서 그 아들의 이름을 짓거나, 오랜만에 다시 그 고을을 지
나는데 백성들이 환영하며 음식을 들고 와 앞에 가득하면
이는 큰 영광이다"라고 하였다.

선과 악의 판별은 반드시 군자의 말을 기다려서 이로써 공안을 삼아야 한다

다산은 "무릇 훼방과 칭송의 진실과 선과 악의 판별 같은

것은 반드시 군자의 말을 기다려서 이로써 공안을 삼아야 할 것이다"라고 하였다. 그리고 당나라 원결元結의 「도주자사청벽기道州刺史廳壁記」와 여온呂溫의 후기後記를 인용하였다.

당나라 원결은 「도주자사청벽기」에서 다음과 같이 말하였다. "천하가 태평할 때에는 바야흐로 사방 천리 안의 살아 있는 모든 사람을 자사가 살릴 수도 있고 죽일 수도 있으며 기쁘게 할 수도 있고 슬프게 할 수도 있다. 천하에 병란이 일어나면 사방 천리 안의 모든 백성을 능히 보호하고 환란을 제거하는 일이 자사에게 달려 있을 따름이다. 무릇 자사가 문무의 재략이 없다든지, 청렴하지도 아랫사람에게 엄숙하지도 못하든지, 밝지도 은혜롭지도 공평하지도 바르지도 못하든지 하면, 온 주의 생령이 모두 그 해를 입을 것이다. 아! 내가 이곳에 와보니 마을과 성읍이 빈터로 되어 있고 생민이 거의 다 없어진 것을 보고, 그 까닭을 물어보고는 깨닫지 못하는 사이에 눈물이 흘렀다. 전임 자사 중에는 탐욕스럽고 더럽고 혼미하고 나약한 사람이 있어서 옳고 그름을 분별하지 못하고, 단지 입고 먹는 것만을 일로 삼아서 수년 사이에 창생이 사욕의 침탈을 당하고 겸하여 관가에서 몰아치고 핍박을 하니, 간악하거나 호강한 자가 아니면 살아남는 자가 거의 없었다. 노인네들에게 물어보니 전후 자사 중에 능히 가난하고 약한 백성을 구휼하여 봉양하고 법을 제대로 지킨 사람은 서이도徐履道와 이익李廙뿐이었다. 두루 여러 사람에게 물어보아도 선정을 한 자사라도 서이도와 이익에게는 미치지 못하였고, 악정惡政은 이루 다 말할 수 없었다. 그러므로 이 기문을 지어 자사刺史에게 주어 경계로 삼게 한다."

이에 대해 여온은 다음과 같은 후기를 지었다.

원차산元次山(원결)이 스스로 「도주자사청벽기」를 지어 선善을 드러내면서도 편당을 짓지 않았고, 또한 악惡을 지적하면서도 속이지 않았다. 가슴속 생각을 곧게 드러내어 감계鑑戒(거울삼아 다시는 그런 잘못을 저지르지 않도록 경계함)로 삼아, 밝고 밝은 관리의 사표師表가 되어 길이 관청의 벽에 걸려 있으니, 후세의 탐학하고 방자하여 백성들을 희롱거리로 삼는 자들은 유독 마음에 부끄럽지 않겠는가? 내가 어릴 때부터 옛날의 순리전循吏傳을 읽고 원차산의 사람됨을 사모하여, 사대부가 되어서 대대로 이름을 세우는 것이 이보다 더 높은 것이 없다고 생각하였다. 이 고을의 자사가 된 뒤로 비록 정사를 스스로 힘써 수행하기는 했지만, 그의 뜻에 미칠 수 없었다.

다산은 원결의 「도주자사청벽기」와 여온의 후기를 인용하는 것으로 목민심서의 대미를 장식하였다. 원결과 여온과 다산의 마음은 하나이다. 오직 백성을 아껴주고 길러주고 보호해주어 그들을 즐겁고 행복하게 해 주는 것일 뿐이다.

牧民心書

[세창명저산책]

세창명저산책은 현대 지성과 사상을 형성한 명저들을 우리 지식인들의 손으로 풀어 쓴 해설서입니다.